Reiki
para a Cura Emocional

Reiki
para a Cura Emocional

TANMAYA HONERVOGT

Mestra e Professora de Reiki

Tradução
EUCLIDES LUIZ CALLONI

Editora PENSAMENTO

Título original: *Reiki for Emotional Healing*.

Copyright do texto © 2006 Tanmaya Honervogt.

Ilustrações e compilação © 2006 Gaia Books.

Copyright © 2006 Octopus Publishing Group, Ltd.

Publicado pela primeira vez na Grã-Bretanha em 2006 pela Gaia Books, uma divisão da Octopus Publishing Group Ltd.
2–4 Heron Quays, Canary Wharf, Londres E14 4 JP.

Todos os direitos reservados. Nenhuma parte deste livro pode ser reproduzida ou usada de qualquer forma ou por qualquer meio, eletrônico ou mecânico, inclusive fotocópias, gravações ou sistema de armazenamento em banco de dados, sem permissão por escrito, exceto nos casos de trechos curtos citados em resenhas críticas ou artigos de revistas.

A Editora Pensamento-Cultrix Ltda. não se responsabiliza por eventuais mudanças ocorridas nos endereços convencionais ou eletrônicos citados neste livro.

OSHO e OSHO BADABRAHMA MEDITATION são marcas registradas ou marcas registradas da Osho International Foundation, Suíça.

Dados Internacionais de Catalogação na Publicação (CIP)
(Câmara Brasileira do Livro, SP, Brasil)

Honervogt, Tanmaya
   Reiki : para cura emocional / Tanmaya Honervogt ; tradução Euclides Luiz Calloni. -- São Paulo : Pensamento, 2006.

   Título original: Reiki for emotional healing
   ISBN 85-315-1431-2

1. Medicina alternativa 2. Reiki (Sistema de cura) 3. Saúde - Promoção 4. Sistemas terapêuticos I. Título.

06-0600   CDD-615.852

Índices para catálogo sistemático:
1. Reiki : Sistema de cura : Terapias alternativas 615.852

O primeiro número à esquerda indica a edição, ou reedição, desta obra. A primeira dezena à direita indica o ano em que esta edição, ou reedição, foi publicada.

Edição   Ano
1-2-3-4-5-6-7-8-9-10-11   06-07-08-09-10-11-12-13

Direitos de tradução para o Brasil adquiridos com exclusividade pela
EDITORA PENSAMENTO-CULTRIX LTDA.
Rua Dr. Mário Vicente, 368 – 04270-000 – São Paulo, SP
Fone: 6166-9000 – Fax: 6166-9008
E-mail: pensamento@cultrix.com.br
http://www.pensamento-cultrix.com.br
que se reserva a propriedade literária desta tradução.

Dedicatória

A todos os leitores deste livro, às pessoas que eles amam e a seus amigos e colegas.

Seja a vida de todos repleta de alegria, amor, paz e felicidade. Possa este livro inspirá-lo a mergulhar nas suas profundezas interiores e regozijar-se em seu verdadeiro ser.

Advertência

Os exercícios, posições das mãos, meditações e técnicas descritos neste livro têm por objetivo a cura e a harmonização dos seres vivos. A autora adverte, porém, que, em caso de doença, o interessado sempre deve consultar um médico ou um agente de cura. As posições do Reiki podem ser aplicadas naturalmente como forma complementar de tratamento. A autora e o editor eximem-se de qualquer responsabilidade pela aplicação dos métodos descritos neste livro.

A Autora

TANMAYA HONERVOGT

TANMAYA HONERVOGT é Professora de Reiki, autora, agente de cura e promotora de seminários. Ela divide o seu tempo entre a Alemanha e a Inglaterra, e viaja constantemente para fazer palestras e ministrar cursos de treinamento.

Tanmaya faz parte da tradição espiritual iniciada por Mikao Usui, criador do Reiki, e sua linhagem remonta diretamente à origem. Ela estudou e praticou com um dos poucos Mestres iniciados por Hawayo Takata, que introduziu o Reiki no Ocidente na década de 1930.

Tanmaya fundou a School of Usui Reiki em 1995 em Devon, Inglaterra. A escola oferece vários cursos de treinamento no método Usui tradicional, todos devidamente registrados. Tanmaya tem o maior prazer em receber mensagens de alunos de Reiki e de leitores. Para entrar em contato com ela, acesse www.tanmaya.info ou escreva para: School of Usui Reiki, P.O. Box 2, Chulmleigh, Devon, UK, EX 18 7SS.

Prólogo

PRATICAMENTE TODO O CONTEÚDO DESTE LIVRO foi organizado a partir dos cursos de treinamento de Reiki que ministrei ao longo dos últimos quinze anos a alunos de todas as partes do mundo. Muitas e muitas vezes percebi a profunda necessidade que as pessoas têm de poder dispor de algum tipo de ajuda em períodos de crise emocional e espiritual que surgem em sua vida. Sem dúvida, todos nós passamos por situações complicadas ou dolorosas em que vivemos transições difíceis e enfrentamos problemas emocionais que precisamos aprender a administrar.

Procuro expor neste livro a minha compreensão sobre algumas realidades que afetam a todos nós em alguma etapa da vida – a doença, a perda de alguém que amamos, a chegada da menopausa, a crise da meia-idade – dê o nome que considerar apropriado. As orientações que ofereço baseiam-se no que experimentei pessoalmente e aprendi em minha jornada espiritual de descoberta de mim mesma nos últimos trinta anos.

Por felicidade, a vida me orientou para o aprendizado do Reiki e da meditação e me possibilitou encontrar mestres espirituais e místicos contemporâneos como Osho. Essas oportunidades abriram um grande espaço dentro de mim para aproximar-me de quem realmente sou. O anseio que todos sentimos de transpor o abismo que nos separa de quem realmente somos e de voltar à nossa essência – de redescobrir o que nunca foi perdido e onde podemos relaxar profundamente e viver a experiência da unicidade – é uma aventura contínua de que é para mim uma bênção poder participar.

Desejo-lhe muita inspiração durante a leitura e a prática do que você encontra nestas páginas, e espero que você chegue a uma nova compreensão da sua vida e especialmente de "quem você é" verdadeiramente – um ser divino que vive uma experiência humana preciosa.

Tanmaya Honervogt

Sumário

Introdução — 8
Tratamento completo de Reiki — 12
Seqüência do autotratamento — 18

Capítulo 1 — 22
A Relação Consigo Mesmo
Conscientizando-se dos sistemas de crença — 24
Desenvolvendo o amor a si mesmo — 26
Aprendendo a confiar — 30
Praticando o perdão — 32
A busca da alegria — 34
Auto-reconhecimento — 36

Capítulo 2 — 38
A Vida em Casa
Relacionando-se com os outros — 40
Desenvolvendo a intimidade — 42
Compartilhando — 46
Aceitando — 48
Tratamento para crianças — 52
Tratamento para bebês — 56
Tratamento para idosos — 58
Tratamento para animais e plantas — 60

Capítulo 3 — 62
A Vida no Trabalho
Para evitar o *stress* — 64
Comunicação — 70
Satisfação no trabalho — 74

Capítulo 4 — 80
Tempo Livre
Exercícios e esportes — 82
Em sintonia consigo mesmo — 84
Em sintonia com os amigos — 88
Em sintonia com a natureza — 90
Relaxamento — 92

Capítulo 5 — 96
Saúde e Bem-estar
Alimentação saudável — 98
Fortalecimento da energia do coração — 100
Como lidar com a doença — 104
Aceitação — 112
Calma — 114

Capítulo 6 — 118
Etapas da Vida
Adolescência — 120
Gravidez — 122
Separação — 124
Menopausa — 126
Crise da meia-idade — 130
Síndrome do ninho vazio — 134
Luto — 136
Transição — 138

Chakras/Glossário — 140
Índice remissivo — 142
Agradecimentos — 144

Introdução

O Reiki é uma técnica de cura por imposição das mãos redescoberta em escrituras budistas antigas, no fim do século XIX, por um monge japonês chamado Mikao Usui. É uma técnica simples e natural pela qual uma pessoa transfere Energia Vital Universal de uma pessoa para outra, através das mãos, com objetivos de cura.

A palavra Rei-ki é japonesa e significa literalmente "Energia Vital Universal". Essa energia é definida como o poder que atua e vive em toda matéria criada. A sílaba "rei" descreve o aspecto universal, ilimitado, dessa energia; "ki" é a energia vital (ou força da vida) em si que flui através de todos os seres vivos.

Ao tornar-se um canal para essa energia pelo processo de sintonização, você sente a energia vital concentrada fluir espontaneamente pelos braços e mãos – uma dádiva preciosa que você conservará pelo resto da vida. Toda pessoa aberta e disposta a aceitar essa energia de cura fluindo através dela pode aprender Reiki.

As Origens do Reiki

O Reiki tem suas origens nas escrituras budistas antigas; foi nessas escrituras que Mikao Usui encontrou os símbolos e mantras do Reiki – conhecidos como a "fórmula" – uma característica específica da técnica de cura do Reiki. Usui dedicou-se à meditação e ao jejum durante 21 dias, no monte sagrado Kurama, perto de Quioto, Japão. No último dia, ele entrou num estado de consciência ampliada, quando recebeu a revelação do significado e da aplicação dos símbolos. Ele se sentiu tomado pela energia dos símbolos e por uma poderosa força de cura. Surgiu assim o Sistema Usui de Reiki.

A história completa do Reiki está relatada em *Reiki – Cura e Harmonia Através das Mãos* (p. 144).

O Processo de Sintonização

Para se tornar um "canal" para a Energia Vital Universal, você recebe o que se chama de "sintonização" para o poder do Reiki.

As sintonizações são também chamadas de "transmissões de energia" ou "iniciações"; é por meio delas que o Mestre de Reiki transmite energia ao aluno aplicando uma antiga técnica tibetana. O processo de sintonização geralmente assume a forma de uma cerimônia simples em que o Mestre usa os símbolos e mantras secretos do Reiki. Esses símbolos e mantras estimulam e ativam o canal de cura para intensificar o fluxo de energia. A energia entra no corpo do aluno (ou receptor) pelo topo da cabeça, passa pelos centros de energia, os chakras (p. 140), segue para os braços e sai pelas mãos. A sintonização é um componente característico do sistema Reiki que o diferencia significativamente de todas as outras técnicas de cura por imposição das mãos.

Três Níveis

O Reiki compreende três níveis de sintonização: Primeiro, Segundo e Terceiro Níveis. É fundamental compreender que os símbolos e mantras do Reiki são ensinados exclusivamente a alunos do Segundo e Terceiro Níveis, por isso não podemos mostrá-los ou explicá-los neste livro. Podemos dizer, porém, que o Primeiro Símbolo ativa a energia disponível; o Segundo produz uma sensação de harmonia e equilíbrio e é usado especialmente para o mental healing (p. 24); o Terceiro desperta a intuição e é aplicado no tratamento a distância (p. 139); o Quarto Símbolo intensifica a capacidade de abrir-se a energias ainda mais elevadas e favorece a meditação. Quem é principiante de Reiki, no entanto, não deve aborrecer-se, pois pode praticar todos os tratamentos e exercícios deste livro sem os símbolos e mantras. Os efeitos serão os mesmos, apenas um pouco menos intensos.

Este Livro

Este livro tem como objetivo orientar praticantes de Reiki de todos os níveis – desde principiantes até os mais avançados – a usar o Reiki e outras técnicas de cura de uma forma mais centrada, serena e criativa, mesmo nas situações mais difíceis. O Reiki pode ser útil tanto se você precisa tomar uma decisão crucial que afeta toda a direção de sua vida quanto se está apenas encontrando dificuldades no trabalho, no convívio familiar ou em seus relacionamentos. Um contato maior com o coração por meio do Reiki vai ajudá-lo a abrir-se e a pôr em ação as qualidades positivas que estão dentro de você, como a compreensão, a compaixão e a capacidade de perdoar. Isso acontece porque o coração tem a capacidade de transformar toda energia negativa no seu oposto positivo.

O Poder de Cura do Coração

As pessoas tendem a perder o contato com o coração e seu poder de cura. A sociedade e seus sistemas educacionais se voltam para o treinamento da cabeça, não do coração, e a conseqüência é que a maioria das pessoas só se conhece superficialmente. Elas raramente entram em contato com as profundezas interiores verdadeiras, seja de si mesmas ou dos outros. O primeiro passo para reencontrar a sabedoria interior do coração é aprender a reservar um pouco de tempo e energia para momentos de silêncio ao longo do dia. Então você conhecerá melhor o amor e a paz.

Esse amor e essa paz emanam da própria fonte do seu ser. Tudo o que você precisa fazer para entrar em contato com essa fonte é relaxar o corpo, a mente e as emoções. As técnicas de cura aqui vão descritas ajudá-lo a conhecer-se melhor, e quanto mais você compreender a si mesmo e valorizar sua singularidade, mais facilidade terá para relacionar-se com os outros de um modo harmonioso.

Atitude Positiva

Este livro tem também o objetivo de ajudá-lo a desenvolver sua capacidade inata de ver até mesmo as situações difíceis de modo positivo – como oportunidades para o crescimento interior. Ele o estimula a fazer perguntas, a rever seus valores e a tomar consciência de possíveis limitações que possa estar criando para si mesmo. Assim, as técnicas de Reiki são instrumentos de observação e análise de si mesmo, melhorando seus relacionamentos com outras pessoas e promovendo um estado de bem-estar que lhe possibilitará viver uma vida mais plena, com um sentido maior de celebração, consciência e alegria.

Preocupação com o Bem-estar do Outro

Este livro tem como foco o bem-estar de pessoas de todas as idades, de bebês até pessoas mais idosas, que passam por dificuldades as mais diversas. É cada vez maior atualmente a necessidade de dar atenção ao componente emocional – próprio e dos outros. O Reiki é uma forma não-intrusiva e salutar de fazer isso – um recurso simples e prático para promover a cura de problemas físicos, mentais, emocionais e espirituais. O livro inclui uma ampla variedade de autotratamentos e de tratamentos de outras pessoas, pois é essencial você ter consciência de que precisa antes amar e curar a si mesmo para depois oferecer amor e cura aos outros.

Reiki e Meditação

O Reiki e a meditação são parceiros naturais. Por isso, além dos tratamentos, você encontrará nestas páginas uma multiplicidade de técnicas de meditação e visualização, todas com o objetivo de ajudá-lo a concentrar-se em si mesmo e a aprofundar o vínculo entre corpo, mente e alma. Esses exercícios relaxam, favorecem o processo de cura e aumentam a sua sensação de bem-estar.

Reações de Cura

É importante você saber que, ao aplicar ou receber um tratamento de Reiki, podem ocorrer "reações de cura" tanto de caráter físico como emocional. Essas reações são um componente natural e muitas vezes necessário do processo de cura, uma vez que a "energia tóxica" e as emoções reprimidas retidas no corpo precisam vir à tona antes de poder ser liberadas. Por exemplo, num nível físico, uma sensação de frio durante ou depois de um tratamento pode transformar-se em poucos minutos numa sensação agradável de calor, uma dor de cabeça pode aumentar antes de desaparecer ou você pode sentir uma necessidade urgente de ir ao banheiro. Num nível emocional, emoções intensas do passado podem aflorar. Esses "sintomas" podem durar de dez minutos até 24 horas ou mais. O importante é aceitá-los, deixar que aconteçam e saber que logo passarão. Então você estará um passo adiante no caminho para a harmonia interior.

Como Usar Este Livro

Use este livro com espontaneidade e flexibilidade. Você pode abri-lo na página que for do seu agrado e aplicar o tratamento de Reiki ou os exercícios que considerar oportunos, pois cada um pode ser adaptado de acordo com as necessidades e o conhecimento individual. Os títulos dos capítulos e das subseções servem de orientação quanto às seções que lhe podem ser mais apropriadas e úteis.

Os benefícios serão muito maiores se você aplicar os tratamentos de Reiki e outros exercícios de cura diariamente, ou pelo menos quatro a cinco vezes por semana. Continue os tratamentos e exercícios por um mínimo de três semanas para alcançar todos os efeitos desejados.

As próximas dez páginas descrevem todas as posições de mãos básicas do Reiki que compõem um tratamento completo. Essas posições são um pouco diferentes quando você as aplica a si mesmo e quando as aplica a outra pessoa. Por isso, descrevemos um Tratamento Completo de Reiki a ser aplicado a outra pessoa (pp. 12-17) e uma Seqüência de Autotratamento (pp. 18-21). Os tratamentos simplificados descritos ao longo do livro, recomendados para situações específicas, são combinações dessas posições de mãos básicas com outras variações acrescentadas para tornar os tratamentos mais abrangentes. Com a prática, porém, todas as combinações possíveis dessas posições de mãos podem ser usadas para tratar a si mesmo e outras pessoas com o objetivo de obter melhores resultados. Assim, relaxe, siga sua intuição e aproveite os grandes benefícios de cura do Reiki.

"Não há nada a fazer, senão entregar-se ao poder que conhece o caminho."

**ROBERT ADAMS,
MÍSTICO CONTEMPORÂNEO**

PRINCIPAIS BENEFÍCIOS DO REIKI

- *Restabelece o equilíbrio da energia natural do corpo e fortalece a capacidade do corpo de curar a si mesmo.*
- *Promove um relaxamento profundo, produzindo uma sensação de paz e bem-estar.*
- *Vitaliza o corpo e a alma, assegurando assim um tratamento holístico.*
- *Fortalece o sistema imunológico.*
- *Alivia a dor e o stress.*
- *Ajuda em muitos males físicos, crônicos ou agudos.*
- *Restabelece o equilíbrio espiritual e o bem-estar mental.*
- *Libera energias bloqueadas e elimina toxinas do corpo.*
- *Complementa outras formas de tratamento, inclusive tratamentos médicos tradicionais, massagem e psicoterapia, podendo ser aplicado concomitantemente.*
- *É não-intrusivo, pois a energia Reiki passa através da roupa, de bandagens, gesso, armações, etc.*
- *É adaptável, de acordo com as necessidades do receptor.*

Tratamento completo de Reiki

Esta página e as cinco seguintes ilustram as posições das mãos básicas do Reiki usadas para aplicar um tratamento em todo o corpo de uma pessoa. Mantenha as mãos em cada posição de três a cinco minutos, o que significa que deve reservar pelo menos uma hora para o tratamento completo.

Normalmente, um tratamento de Reiki começa na cabeça, continua na frente do corpo e nas costas, e termina nas pernas e pés. A pessoa que aplica o tratamento é conhecida como "doador" e a que recebe é chamada de "receptor". É importante que tanto o doador como o receptor se mantenham relaxados e confortáveis durante o tratamento para alcançar todos os benefícios possíveis. Por isso, embora seja importante seguir as orientações oferecidas, você pode sentar-se ou ficar de pé, optando pela posição que lhe for mais favorável. Recomenda-se usar roupas soltas e confortáveis para evitar tensões e escolher um espaço silencioso onde ninguém possa perturbar a sessão de tratamento. Para tratamentos aplicados na posição deitada, o receptor deve deitar-se sobre uma superfície macia a que o doador possa chegar com facilidade – por exemplo, sobre uma cama, um sofá, uma mesa firme com bastante forro, uma esteira ou uma maca.

Durante o tratamento, confie na sua intuição. Caso você sinta que uma determinada área do corpo do receptor precisa de mais atenção, mantenha as mãos nessa posição até sentir que o fluxo da energia se normaliza.

Posição da Cabeça 1
Posicione as mãos sobre os olhos do receptor, com os dedos unidos. Essa posição relaxa os olhos e, por consequência, o corpo inteiro. É a forma ideal de tratar o *stress* e o esgotamento.

Posição da Cabeça 2
Posicione as mãos no alto da cabeça, com as pontas dos dedos tocando as têmporas e as palmas se ajustando ao contorno do crânio. Essa posição equilibra os lados direito e esquerdo do cérebro, reduz a atividade mental excessiva e acalma as emoções.

Posição da Cabeça 3
Posicione as mãos sobre as orelhas. Essa posição leva o receptor a um espaço interior de relaxamento profundo e ajuda a restabelecer o equilíbrio do corpo. É especialmente eficaz para problemas de ouvidos e nariz e para resfriados e gripes.

Posição da Cabeça 4
Sustente a parte posterior da cabeça com as mãos em concha; as pontas dos dedos tocam a medula oblonga, um ponto de energia e junção de muitos nervos entre a cabeça e o pescoço. A posição aclara os pensamentos, alivia tensões e abranda emoções fortes.

Posição da Cabeça 5
Posicione as mãos na lateral e na frente da garganta, sem tocá-la diretamente, por causa da sua sensibilidade. Essa posição favorece a auto-expressão, e por isso é especialmente eficaz para tratar emoções reprimidas.

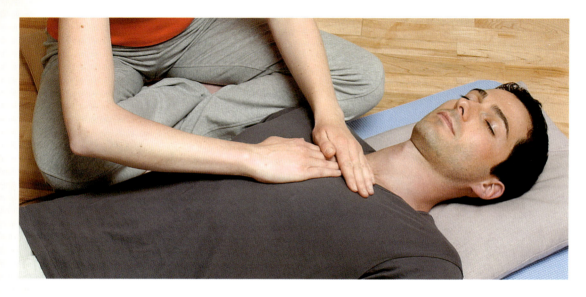

Posição Frontal 1
Coloque uma das mãos horizontalmente sobre a glândula timo, abaixo da clavícula, e a outra no meio do peito, em ângulo reto com a primeira. Essa posição tem relação com o chakra do coração e ajuda a fortalecer os sistemas imunológico e linfático.

Posição Frontal 2
Coloque as mãos sobre as costelas inferiores e a cintura do receptor, no lado direito. Essa posição ajuda em casos de distúrbios digestivos, facilita o processo de desintoxicação e equilibra as emoções.

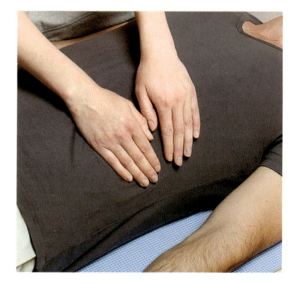

Posição Frontal 3
Posicione as mãos sobre as costelas inferiores e a cintura do receptor, no lado esquerdo. Essa posição favorece a digestão, fortalece o sistema imunológico e ajuda no tratamento de infecções.

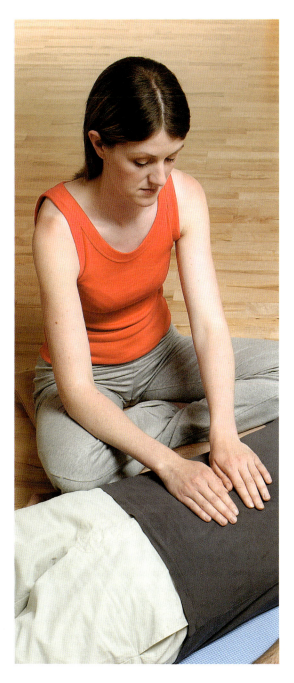
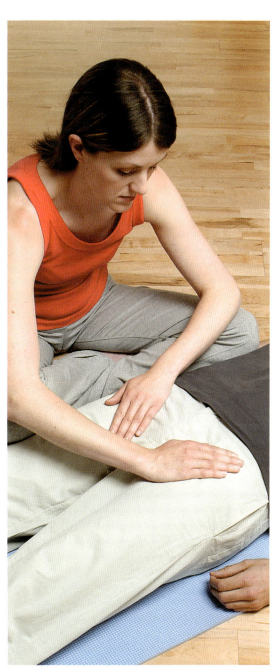

Posição Frontal 4
Coloque uma das mãos acima e a outra abaixo do umbigo para acalmar emoções fortes, como medo, depressão e choque, e para ajudar a restabelecer a energia e a vitalidade do corpo. É também eficaz para tratar indigestão e distúrbios metabólicos.

Posição Frontal 5 (Posição em V)
Posicione as mãos sobre a região pubiana, formando um V. Se o receptor for homem, afaste um pouco as mãos, pondo-as sobre a virilha. Se for mulher, posicione as mãos sobre o osso pubiano, com os dedos tocando-se na base do V (p. 20). Essa posição trata os órgãos da reprodução.

Posição Dorsal 1
Coloque as mãos sobre os ombros do receptor, uma à direita e a outra à esquerda da coluna, ambas na mesma direção, para aliviar a tensão no pescoço e nos ombros e promover a liberação de emoções bloqueadas.

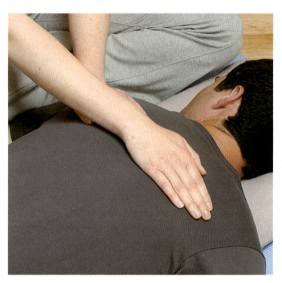

Posição Dorsal 2
Coloque as mãos sobre as omoplatas, com as pontas dos dedos de uma das mãos tocando a base da palma da outra. Posição eficaz para tratar problemas na região superior das costas; também promove a capacidade de amar, a confiança e a alegria.

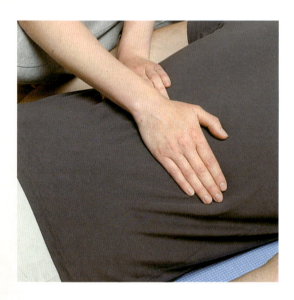

Posição Dorsal 3
Descanse as mãos sobre as costelas inferiores, logo acima dos rins. Essa posição relaxa a região intermediária das costas, ajuda o corpo a liberar toxinas e estimula o receptor a libertar-se do *stress* e da dor do passado.

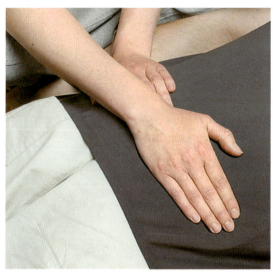

Posição Dorsal 4
Se o receptor tiver costas longas, desloque as mãos para a região inferior das costas – na linha dos quadris – para tratar dores lombares, fortalecer os sistemas linfático e nervoso e estimular a criatividade e a sexualidade.

TRATAMENTO COMPLETO DE REIKI 17

Posição Dorsal 5A (Posição em T)
Coloque uma das mãos sobre o sacro e a outra sobre o cóccix, em ângulo reto com a primeira, formando um T. Essa posição ajuda em situações de medo existencial e é útil também para tratar hemorróidas, distúrbios digestivos, desordens da bexiga e dores ciáticas.

Posição Dorsal 5B (Posição em V)
Alternativamente, coloque as mãos sobre a região sacra, formando um V, com a base diretamente sobre o cóccix. Essa posição promove um fluxo mais livre da energia pela espinha, harmonizando o sistema nervoso e fortalecendo a confiança.

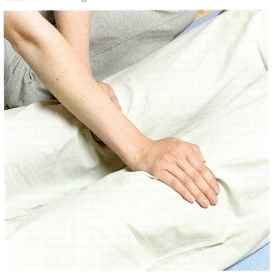

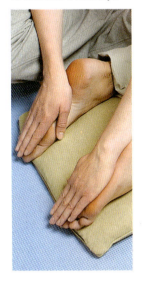
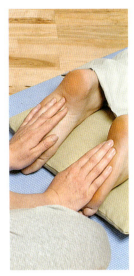

Posição da Cavidade dos Joelhos
Cubra a cavidade dos joelhos com as mãos.
Essa posição é eficaz para tratar problemas com os joelhos ou lesões causadas por práticas esportivas. No campo das emoções, é proveitosa para tratar o medo, especialmente o medo de morrer.

Posições da Sola dos Pés A ou B
Posicione as palmas nas solas dos pés do receptor.
Se você cobrir os dedos dos pés com os dedos das mãos (A), o receptor pode sentir a energia sendo liberada. Se você apontar os dedos para os calcanhares (B), o receptor sentirá um fluxo de energia intenso dos pés à cabeça.

Seqüência do autotratamento

Um dos muitos aspectos bonitos do Reiki é que você pode tratar a si mesmo com a mesma facilidade com que trata um amigo, um colega ou um membro da família. Esta página e as três seguintes conduzem-no através das posições de mãos básicas usadas em um autotratamento completo, que começa na cabeça, continua na parte anterior do corpo e termina nas costas. Recomenda-se que você mantenha as mãos em cada posição de três a cinco minutos, o que significa que deve reservar quase uma hora para presentear-se com um autotratamento completo de Reiki.

Se você se programar para aplicar-se tratamentos freqüentes – diários, se possível – você obterá grandes benefícios e se sentirá mais calmo, mais feliz e mais alerta e vivo.

Encontre um tempo e um lugar em que ninguém possa perturbá-lo durante o período de tratamento, para envolver-se totalmente com o que faz no momento presente e obter do Reiki todos os benefícios que ele pode lhe oferecer. Lembre-se de ser delicado consigo mesmo, não alimentando expectativas quanto ao que o Reiki "deve" fazer por você. Lembre-se também de que qualquer sintoma que sinta, seja físico ou emocional, pode intensificar-se antes de chegar a um ponto de equilíbrio e desaparecer; ou você pode ter uma reação emocional intensa ao tratamento. Isso é natural e faz parte do processo de cura, pois as toxinas ou as emoções reprimidas que causam os problemas precisam vir à tona antes de ser eliminadas do organismo.

Posição da Cabeça 1
Posicione as mãos sobre os olhos, apoiando as palmas sobre os ossos malares. Essa posição ajuda a reduzir o *stress*, produz clareza de pensamento e aguça a intuição.

Posição da Cabeça 2
Posicione as mãos sobre as têmporas, com os dedos tocando-se no alto da cabeça e a base das palmas quase chegando às orelhas. Essa posição harmoniza os dois lados do cérebro, estimula a memória e é útil para depressão e dores de cabeça.

SEQÜÊNCIA DO AUTOTRATAMENTO 19

Posição da Cabeça 3
Coloque as mãos suavemente sobre as orelhas. Essa posição é muito calmante e é especialmente eficaz para tratar resfriados, gripes e a sensação geral de cansaço e fraqueza.

Posição da Cabeça 4
Posicione as mãos em concha na parte posterior da cabeça, os dedos virados para cima. Essa posição transmite segurança, abranda medos e depressão, tranqüiliza a mente e as emoções e favorece um sono tranqüilo.

Posição da Cabeça 5
Coloque as mãos em torno da garganta, pulsos tocando-se na frente. Essa posição harmoniza a pressão sangüínea e o metabolismo, ajuda a aliviar dores do pescoço e estimula a auto-expressão.

Posição Frontal 1
Coloque as mãos nos lados direito e esquerdo da parte superior do peito, com os dedos se tocando logo abaixo da clavícula. Essa posição fortalece o sistema imunológico, regula o coração e a pressão sangüínea e aumenta a capacidade de amar e de usufruir a vida.

Posição Frontal 2
Coloque as mãos sobre a porção inferior da caixa torácica, acima da linha da cintura, com os dedos se tocando no centro. Essa posição regula a digestão, aumenta os níveis de energia, facilita o relaxamento e reduz medos e frustrações.

Posição Frontal 3
Posicione as mãos nos lados do umbigo, dedos tocando-se no centro. Essa posição regula o metabolismo, favorece a digestão, alivia emoções fortes como o medo e a depressão, e aumenta a autoconfiança.

Posição Frontal 4
Posicione as mãos sobre a região pubiana, formando um V. Para mulheres, as pontas dos dedos se tocam; para os homens, as mãos ficam mais afastadas, sobre a virilha (p. 15). Essa posição trata os órgãos sexuais e transmite uma sensação de segurança, de "estar com os pés no chão".

SEQÜÊNCIA DO AUTOTRATAMENTO 21

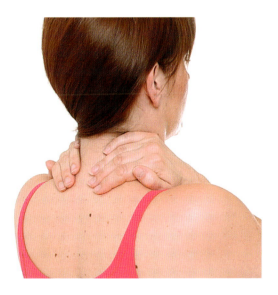

Posição Dorsal 1
Coloque as mãos sobre a parte superior dos ombros, uma em cada lado da coluna. Essa posição ajuda a relaxar, alivia a tensão dos ombros e abranda dores no pescoço e nas costas. Também facilita a liberação de emoções bloqueadas.

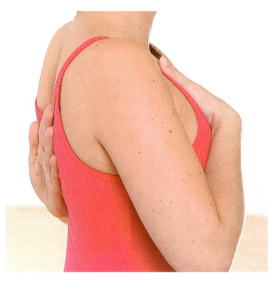

Posição Dorsal 2
Ponha uma das mãos no meio do peito e a outra nas costas, na mesma altura, com a palma virada para fora. Essa posição equilibra a glândula timo, harmoniza o coração, estimula o sistema imunológico e aumenta a confiança.

Posição Dorsal 3
Coloque as mãos em torno da cintura, na altura dos rins, dedos apontando para a coluna. Essa posição fortalece os rins, as glândulas adrenais e os nervos, promove a desintoxicação, acalma dores lombares e reforça a auto-estima.

Posição Dorsal 4
Posicione as mãos em V apontando para baixo, dedos tocando-se sobre o cóccix. Essa posição trata os órgãos sexuais, favorece a digestão, promove a criatividade e transmite uma sensação de firmeza e embasamento.

Capítulo 1

A Relação Consigo Mesmo

"O Eu é um mar sem limites e sem medidas. Não digais, 'Encontrei a verdade', mas sim 'Encontrei uma verdade'. Não digais, 'Encontrei o caminho da alma'. Dizei, em vez, 'Encontrei a alma andando no meu caminho'. ... A alma desabrocha, como um lótus com pétalas inumeráveis."

KAHLIL GIBRAN, *O PROFETA*, 1923

NASCEMOS NESTE MUNDO como seres completos, sem preconceitos e expectativas, mas já beneficiados com a Força Vital Universal – uma energia que nos mantém ao longo da vida e cujos níveis podemos alterar para benefício da nossa saúde e bem-estar. Não temos preconceitos sobre como as coisas devem ser, não temos opiniões fixas e não fazemos julgamentos. Em vez disso, temos uma abertura e uma disposição a perscrutar e conhecer o mundo à nossa volta.

Em pouco tempo, porém, a nossa inocência, a nossa curiosidade natural e a nossa relação positiva com nós mesmos são contaminadas pelas "normas" da sociedade em que crescemos. A nossa inteligência inata aprende a controlar o nosso comportamento e a agradar os outros para sobreviver. No processo, interiorizamos todos os tipos de ideais e crenças que não têm nada a ver com quem realmente somos. Desse modo, inconscientemente, criamos uma realidade em desacordo com o nosso ser interior. As crianças recebem informações sobre o que está "errado" com elas e assim, sem nenhuma intenção, são "programadas" a acreditar que esses "defeitos" as acompanharão por toda a vida. As pessoas que modelam a nossa vida precoce – sejam elas nossos pais, professores, parentes ou iguais – exercem uma forte influência sobre o modo como vemos a nós mesmos e sobre o que pensamos a nosso respeito.

Quando chegamos à adolescência, em geral o nosso comportamento, os nossos valores e as nossas atitudes com relação à vida estão profundamente condicionados; em outras palavras, já pensamos e agimos em conformidade com os sistemas de crença que criamos para nós mesmos. Esses se perpetuam e nos acompanham na vida adulta, criando auto-restrições desnecessárias que podem se manifestar como qualquer coisa desde baixa auto-estima ou padrões de comportamento negativos até uma relação perniciosa com o próprio eu: procuramos fazer com que a vida que todos esperam que vivamos nos traga resultados e investimos muito em realizações pessoais. Como queríamos ser uma boa criança, agora queremos ser um bom aluno, marido, esposa, pai, mãe, empregado. Esse esforço exerce uma pressão excessiva sobre nós, sobrecarrega-nos e dificulta usufruir a vida plenamente. Não surpreende que acabemos nos sentindo insignificantes e infelizes, pois somos forçados a satisfazer exigências externas em vez de simplesmente ser amados pelo que somos.

Muito tempo e muitos tratamentos são necessários para resolver os conflitos interiores causados por esse

condicionamento social. É então que o Reiki se revela um instrumento ideal para alcançar esse objetivo, visto que ele se volta tanto para o nível físico como para os níveis mental e emocional do nosso ser, servindo-se da camada sutil de energia que chamamos de "corpo emocional". Os tratamentos de Reiki – na forma de autotratamentos ou aplicados por outra pessoa – nos ajudam a tomar consciência dos sistemas de crença negativos, ocultos, e nos estimulam a transformar padrões negativos, levando-nos a entrar novamente em contato com a Força Vital Universal com que nascemos e lembrando-nos que a vida não é um problema a ser resolvido, mas um mistério a ser vivido.

Os tratamentos apresentados neste capítulo têm o objetivo de nos ajudar a encontrar a coragem e a confiança de revelar, e assim começar a curar, as nossas preocupações, inseguranças e feridas. A consciência que desenvolvemos por meio desses tratamentos nos estimula a questionar nossos limites, limitações e crenças arraigadas de que somos insignificantes, fracos, antipáticos, desleais, tolos ou qualquer outra deficiência que tenhamos projetado em nós mesmos. É oportuno termos senso de humor ao fazer isso, uma vez que todos nós, com muita freqüência, representamos dramas autoconstruídos em que – conscientemente ou não – assumimos o papel de juiz ou de vítima.

Se abrirmos o nosso coração com a ajuda do Reiki e aprendermos a ouvir o que ele nos quer dizer, descobriremos que o coração está sempre guiando-nos para um lugar de paz e de satisfação interior.

Este capítulo está dividido em seis seções principais, todas elas importantes para o desenvolvimento de uma relação mais saudável com nós mesmos: *Conscientizando-se dos sistemas de crença* (pp. 24-5), *Desenvolvendo o amor a si mesmo* (pp. 26-9), *Aprendendo a confiar* (pp. 30-1), *Praticando o perdão* (pp. 32-3), *A busca da alegria* (pp. 34-5) e *Auto-reconhecimento* (pp. 36-7). Dedique-se a essas seções na ordem em que elas aparecem ou então à que for mais adequada às suas necessidades do momento.

Conscientizando-se dos sistemas de crença

Nem bem nascemos, a sociedade e as pessoas à nossa volta, mesmo inconscientemente, nos "programam". Recebemos um nome, descobrimos que temos uma identidade – menino ou menina, cristão ou hindu, italiano ou japonês – e logo aprendemos a nos comportar de modo a corresponder a esse conceito de quem supostamente somos.

Em torno dos dois anos e meio, começamos a tomar consciência da nossa identidade como um ser distinto, criamos um senso de "eu" e "meu" e dizemos "não" a certas coisas, já formando assim nossas próprias crenças e julgamentos. Ao mesmo tempo, porém, somos muito impressionáveis, ou seja, quando somos repreendidos ou criticados, sentimos imediatamente que não correspondemos às expectativas das pessoas.

A força do inconsciente é muito grande, e assim as crenças negativas que formamos sobre nós mesmos nos acompanham até a vida adulta.

Enquanto não tomamos consciência do condicionamento, a vida será sempre como acreditamos que deve ser. Agarrando-nos às nossas crenças negativas arraigadas, sempre criaremos inconscientemente situações que reforçam os padrões negativos da nossa infância. Por outro lado, ao tomar consciência dos sistemas de crença que carregamos conosco, podemos perceber suas limitações e livrar-nos deles, dando assim o primeiro passo na direção do bem-estar emocional. O Reiki pode ajudar-nos a entrar em contato e a transformar essas crenças e julgamentos profundamente entranhados sobre nós mesmos, fazendo-os emergir à mente consciente.

Mental Healing: Autotratamento

Esta técnica de cura – normalmente ensinada no Segundo Nível, mas oferecida aqui para todos os níveis, com uma opção para os níveis mais avançados – possibilita-lhe pedir à mente inconsciente e à mente superconsciente, ou "Eu Superior", orientações para trazer cura por meio do espírito. Dedique em torno de dez a quinze minutos para todo o processo.

> *Caso seja iniciado no **Segundo Nível de Reiki**, você pode aplicar os símbolos ensinados por seu professor de Reiki antes de posicionar as mãos no Passo 2. Desenhe o Segundo Símbolo e em seguida o Primeiro na parte posterior da cabeça, dizendo os mantras correspondentes e o seu nome três vezes.*

1 Sente-se numa cadeira com os pés bem apoiados no chão, ou deite-se de costas; cubra os olhos com as palmas por alguns momentos. Praticantes do Segundo Nível, ver quadro à esquerda.

2 Posicione a mão direita sobre o chakra da coroa (p. 140), no topo da cabeça, com os dedos apontando para trás, e a mão esquerda na nuca, com a palma cobrindo a medula oblonga, a área em que a cabeça se une ao pescoço. Feche os olhos e visualize durante alguns minutos um raio de luz amorosa entrando no seu corpo pelas mãos.

3 Diga silenciosamente: *"Ajude-me a tomar consciência da causa do meu (mencione o problema) e mostre-me o que preciso fazer para amar, aceitar e curar a mim mesmo totalmente."* Repita essas palavras três vezes e imagine a energia delas penetrando no seu corpo pelo topo da cabeça. Sinta as sensações que essa energia produz no seu corpo, ou as lembranças ou imagens que ela faz aflorar do inconsciente.

4 Envie novamente amor e luz para o seu corpo através das mãos antes de removê-las lentamente da cabeça. Depois friccione as mãos para desfazer a conexão.

Desenvolvendo o amor a si mesmo

TODOS OUVIMOS A EXPRESSÃO "o amor cura". Na verdade, porém, só o amor incondicional cura. Grande parte do que em geral consideramos "amor" envolve condições: amamos uma pessoa porque não queremos ficar sozinhos ou acreditamos que podemos obter por meio dela alguma coisa de que precisamos. Esperamos que ela nos faça felizes, e ela, por sua vez, espera que nos responsabilizemos por sua felicidade – ironicamente, a causa de muitos relacionamentos infelizes. Para sermos capazes de amar incondicionalmente, precisamos antes concentrar-nos em nossa relação com nós mesmos, aprendendo a aceitar, respeitar e amar incondicionalmente a nós mesmos – ser o melhor amigo de nós mesmos.

O primeiro passo para alcançar esse objetivo é tomar consciência do que você acredita sobre si mesmo (ver *Conscientizando-se dos sistemas de crença*, pp. 24-5). Se acredita que não é bom o bastante, você não consegue ver com objetividade; então você julga a si mesmo e espera ser perfeito. É hora de derrubar os muros de suas limitações e crenças negativas. Perdoe a si mesmo por não ser "perfeito" e por não ter-se amado no passado, e recomece tudo do início.

Você pode ser o que realmente é. Abra o seu coração e você será novamente capaz de sentir esse amor e a enorme liberdade emocional que ele lhe traz. Quando descobre essa fonte de amor dentro de si, você pode finalmente aceitar a si mesmo como realmente é e aceitar os outros como eles são, pois você só pode amar verdadeiramente os outros sem antes amar a si mesmo.

Ouvindo o Coração: Autotratamento

O segredo para voltar a entrar em contato consigo mesmo e aprender a amar-se novamente está no coração – a sede de todo amor e compaixão. Este exercício ajuda-o a ter um contato maior com os seus sentimentos mais profundos. Dedique-lhe de dez a quinze minutos.

1 Sente-se ou deite-se, faça algumas respirações profundas e relaxantes e, se sentir tensão no corpo ou aperto no coração, procure suspirar para obter alívio.

2 Coloque as mãos sobre o coração, entre em sintonia com o seu chakra cardíaco e sinta as pulsações durante alguns minutos. Continue a suspirar, aliviando a pressão do coração em cada suspiro.

3 Em seguida, comece a conversar com o seu coração, como se ele fosse um velho amigo. Faça-lhe perguntas como: *"Como você está?"* e *"O que posso fazer por você?"* Tome consciência dos sentimentos que vêm à tona e simplesmente observe-os – não é preciso fazer nada com eles.

DESENVOLVENDO O AMOR A SI MESMO

Contato com sua Paz Interior: Autotratamento

Este é um exercício perfeito tanto para começar como para terminar o seu dia. Mas você pode praticá-lo também em momentos em que se sentir agoniado por algum motivo, pois o sussurro quase imperceptível harmoniza o centro do coração e o põe em contato com o amor e a paz que dele emanam.

1 Sente-se com os olhos fechados e as mãos apoiadas no colo ou nas coxas. Respire naturalmente; na fase da expiração, produza um som sussurrado profundo, sempre no mesmo tom, durante cinco minutos aproximadamente.

2 Em seguida, coloque a mão esquerda na axila direita e a mão direita na axila esquerda, com os polegares para fora. Se quiser, continue sussurrando enquanto mantém a posição, mas não é necessário. Concentre a atenção na região do peito e sinta o coração acalmar-se e uma sensação de amor e paz emergir. Fique com essa sensação durante uns dez minutos.

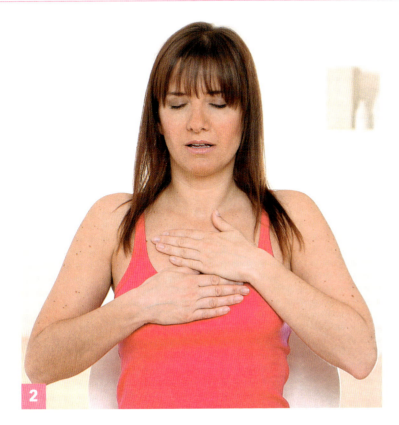

4 Depois de alguns momentos, em silêncio ou em voz alta, diga: *"Eu tenho paciência, amor e compreensão para comigo mesmo"*. Repita a afirmação algumas vezes e observe se ela o ajuda a aceitar e amar mais a si mesmo.

Enviando Afirmações de Cura

A lembrança e o reconhecimento consciente dos seus recursos interiores naturais fortalecem o seu amor por você mesmo, o que, por sua vez, ajuda a resolver conflitos emocionais. Para alcançar esse objetivo, este exercício combina a técnica do Mental Healing (pp. 24-5) com afirmações de cura.

1 Escolha uma ou duas afirmações positivas que se apliquem a você. Você pode usar um dos exemplos dados (ver quadro abaixo, à direita) ou criar suas próprias afirmações.

2 Sente-se ou deite-se confortavelmente de costas, feche os olhos e faça algumas respirações profundas, soltando toda tensão do corpo na expiração. Em seguida, coloque as mãos sobre os olhos durante alguns momentos, apoiando as palmas nos ossos malares. O relaxamento dos olhos produz o relaxamento de todo o corpo. Praticantes do Segundo Nível, ver quadro à direita.

3 Coloque a mão esquerda na nuca, a palma cobrindo a medula oblonga, e a mão direita sobre o chakra da coroa (p. 140), com os dedos apontando para trás. Mantenha as mãos nessa posição calmamente durante todo o tratamento.

4 Visualize um raio de luz entrando em seu corpo pelas palmas. Sinta essa luz, amor e energia inundando todo seu corpo, da cabeça aos pés, durante dois a três minutos.

2

5 Em seguida, repita três vezes, mentalmente, a afirmação escolhida, dirigindo-a para o corpo pelo topo da cabeça. Tenha consciência plena de como você se sente enquanto faz isso; apenas deixe as emoções emergir livremente.

6 Envie novamente luz e amor para o corpo, através das mãos, antes de retirá-las lentamente da cabeça. Espreguice-se calmamente antes de voltar ao seu estado normal de consciência.

Praticantes do Segundo Nível *podem aplicar os símbolos do Mental Healing traçando-os, ou visualizando-os, sobre a parte posterior da cabeça antes de posicionar as mãos no Passo 3. Traçando-os ou visualizando-os, repitam os mantras de cada símbolo três vezes. Friccionem as mãos depois do tratamento para desfazer a conexão espiritual.*

Afirmações de Cura

Afirmações de cura ajudam-no a entrar novamente em contato com as qualidades positivas que já estão em você. É bom trabalhar com uma afirmação durante sete dias e só então substituí-la por outra.
Escolha uma afirmação da lista a seguir ou então crie a sua própria.
Eu me aceito e amo como sou, simplesmente porque sou como sou.
Eu sou importante e tenho valor.
Eu estou disposto a me perdoar.
Eu sou perfeito assim como sou.
Eu reivindico e aceito meu poder.
Eu mereço ser amado.
Eu mereço o melhor que a vida pode oferecer.
Eu dispenso a necessidade de ser perfeito.
Eu estou aberto para receber e dar amor.
Eu sou agradecido por tudo o que tenho e recebo da vida.
Eu cuido da criança em mim e sei que a amo profundamente.

Aprendendo a confiar

A CONFIANÇA É UM DESDOBRAMENTO DO AMOR. Quando você confia em si mesmo, você ama a si mesmo, e quando você se ama, também confia em si. Confiança não é a mesma coisa que "fé", que implica a necessidade de ter de acreditar em alguma outra coisa ou pessoa. Na confiança, é a sua própria experiência, o seu próprio crescimento, que o leva a confiar. Quando éramos crianças, confiávamos naturalmente, mas as pessoas geralmente perdem essa qualidade com o passar dos anos. Se queremos viver uma vida emocionalmente realizada, no entanto, é absolutamente indispensável redescobrir essa confiança, pois ninguém consegue viver realmente feliz num clima de medo e desconfiança.

As exigências da sociedade moderna normalmente nos mantêm confinados a maior parte do tempo em nossa cabeça. A cabeça pode ser útil para resolver problemas lógicos, mas quando se trata de sentimentos – os estados interiores que nos dão alegria verdadeira na vida – precisamos sair da cabeça e entrar em contato com a energia do coração.

O coração (ou chakra do coração; p. 140) é o centro da nossa alma. Ele é verdadeiro e sincero, representa amor e aceitação, e quando você está centrado, você pode confiar na vida e em si mesmo. O relaxamento e a cura emocional sempre procedem desse "espaço do coração".

O Reiki pode facilitar a passagem do nosso foco energético da cabeça para o coração. Podemos então reencontrar a capacidade natural do coração de apreciar a vida, de expressar sentimentos amorosos, de confiar e de levar harmonia emocional às nossas ações e sentimentos.

Da Cabeça ao Coração: Autotratamento

Este tratamento fortalece o coração, estimula o sistema imunológico e aumenta sua capacidade de amar, de confiar e de se sentir bem. Ele pode transformar sentimentos de fraqueza, medo, frustração ou depressão em sentimentos de alegria e felicidade. O tratamento do chakra do coração (pp. 134-35) estimulará a compaixão, enquanto o tratamento do chakra do sacro – o segundo chakra – o levará a um contato maior com seus desejos mais profundos e aumentará sua autoconfiança.

1 Sente-se ou deite-se confortavelmente de costas, feche os olhos e faça algumas respirações profundas para relaxar.

2 Posicione as mãos no meio do peito, onde se localiza o chakra do coração. Inspire e expanda os pulmões em cada inalação, imaginando que o ar é feito de amor. Exale quando os pulmões estão cheios desse amor. Continue esse procedimento durante cerca de cinco minutos antes de deixar que a energia acumulada na área do coração penetre profundamente no corpo.

3 Desloque as mãos para o abdômen, num lado e outro do umbigo. Ao expirar, imagine o ar fluindo do peito para o abdômen e relaxe toda essa região. Faça isso durante cinco minutos, aproximadamente.

4 Coloque uma das mãos abaixo do umbigo e a outra no meio do peito, sobre o chakra do coração. Essa posição faz a conexão e equilibra a energia entre o abdômen (chakra do sacro) e o coração (chakra do coração). Novamente, mantenha a posição por cinco minutos.

"O Reiki se tornou meu espaço de refúgio. Nele, o meu corpo e a minha mente relaxam e as minhas preocupações e medos se dissipam."

SUSIE, 34, ALUNA DE REIKI

APRENDENDO A CONFIAR **31**

Praticando o perdão

ENSINAMENTOS BUDISTAS dizem que todas as coisas e todas as pessoas estão realmente interligadas e são interdependentes. Por isso, tudo o que fazemos aos outros fazemos de fato a nós mesmos: o princípio de causa e efeito chamado karma. Quando não temos consciência desse vínculo e das conseqüências das nossas ações danosas, prejudicamo-nos uns aos outros sem saber e sem perceber o que estamos fazendo.

Assim, ao se dar conta de que guarda algum ressentimento de outras pessoas, recolha-se dentro de si mesmo e examine honestamente suas motivações e ações. Depois de conscientizar-se de suas próprias fraquezas e defeitos – que numa ocasião ou outra inevitavelmente magoaram outros, mesmo sem intenção – você terá condições de sentir-se irritado e ressentido com outra pessoa?

O perdão a nós mesmos e o perdão aos outros se transformam, assim, numa só e mesma coisa. Precisamos perdoar os outros porque não queremos sofrer cada vez que nos lembramos do que eles fizeram – ou do modo como reagimos. Quando nos sentimos mal com relação a alguma coisa que fizemos, subconscientemente punimos a nós mesmos sentindo-nos culpados, envergonhados e desprezíveis, o que, por sua vez, nos deixa nervosos e incapazes de relaxar. Por fim, a disposição de perdoar revela compaixão por nós mesmos e desejo de tratar antigas feridas, em vez de deixá-las inflamar. Por isso, comece nesse momento mesmo: perdoe a si mesmo – e a todos os que estão à sua volta – por tudo o que possa ter acontecido no passado. O perdão nos põe novamente em contato com o nosso coração, curando nossas emoções e livrando-nos de toda carga emocional que nos oprime.

Perdoando a Si Mesmo: Autotratamento

Esta meditação ajuda-o a perceber e a desvencilhar-se de sentimentos passados de culpa e de vergonha em que você esteve emaranhado, abrindo assim as portas para uma maior liberdade emocional, leveza e aceitação.

1 Sente-se confortavelmente com os olhos fechados e faça algumas respirações profundas, procurando relaxar. Posicione uma das mãos ou ambas sobre a região do umbigo, sentindo a expansão e contração do abdômen enquanto respira. Procure relaxar ainda mais profundamente nessa área do corpo.

2 Pense numa situação pela qual você quer perdoar a si mesmo. Por exemplo, talvez você queira perdoar-se por criticar a si mesmo, pelas mágoas e conflitos que criou em sua vida ou por não amar-se ou valorizar-se suficientemente.

3 Leve as mãos para o centro do coração, no meio do peito, e sinta a ligação com seu coração. Diga para si mesmo:
"Eu me perdôo por (conclua com suas próprias palavras)..."
Repita a frase três vezes em voz alta de modo a ouvi-la claramente. A repetição em voz alta pode evocar lembranças fortes ou imagens da situação com que você está trabalhando; por isso, se emoções aflorarem, apenas observe-as, nada mais. Sinta compaixão por si mesmo; se surgirem outras situações pelas quais você gostaria de perdoar-se, repita o processo com uma nova frase pertinente.

4 Terminado o exercício, descanse durante alguns minutos e em seguida volta à sua consciência normal.

"Quando até meu amigo mais querido, a quem tanto ajudei,

Inesperadamente se voltar contra mim,

Que eu consiga vê-lo como um tesouro valioso, difícil de achar."

GESHE LANGRI THANGPA, BUDISTA TIBETANO

Perdoando Outras Pessoas

É tão importante perdoar outras pessoas como é importante perdoar a si mesmo, pois guardar raiva e ressentimentos nada resolve. Qualquer que seja o ato praticado por alguém, ele provavelmente não tem muita relação com você, mas tem tudo a ver com o próprio mundo de conflitos, confusões e reações de quem o praticou – um reflexo de feridas antigas e inconscientes. Sabendo que as coisas são assim, não precisamos levar as coisas para o lado pessoal, podendo então ser mais compassivos e compreensivos com nós mesmos e com os outros.

Quando curamos as feridas que temos dentro de nós, abrimo-nos para uma vida de compaixão e compreensão, em vez de culpa, condenação e vergonha. E podemos inclusive descobrir que alguém que parecia ser nosso inimigo, na verdade enriqueceu a nossa vida, ajudando-nos a abrandar o nosso coração.

Aplique a técnica já descrita, *Perdoando a Si Mesmo* (ver à esquerda), para perdoar outra pessoa. Agora, porém, forme uma frase que envolva a pessoa que você quer perdoar; por exemplo, "Quero perdoar minha mãe por ela não ter dedicado mais tempo a mim quando eu era pequeno". Como antes, não se esqueça de descansar um pouco ao terminar a sessão.

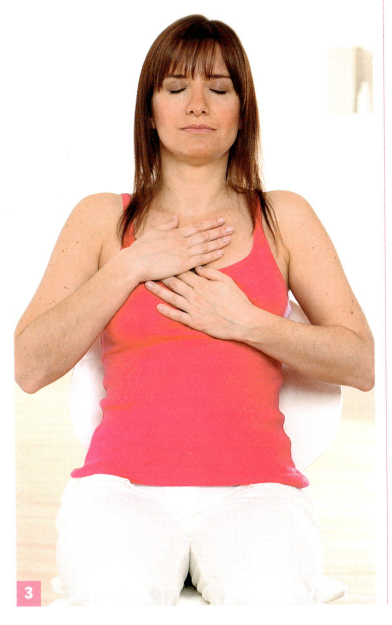

A busca da alegria

A ALEGRIA É UMA QUALIDADE DO CORAÇÃO que se manifesta quando corpo, mente e coração estão em harmonia. A alegria contém um certo prazer, uma certa felicidade, mas é alguma coisa mais – como quando crianças riem sem motivo perceptível. Quando você está alegre, o seu corpo está relaxado, a sua mente está calma e o seu coração transborda de energia, de amor e de paz. O segredo para encontrar essa alegria é entrar em contato com o seu coração num nível profundo, pois o coração sabe relaxar, desfrutar e celebrar a vida naturalmente. Enviando Reiki ao coração, você abre o centro cardíaco e facilita o fluxo da energia de cura para essa área.

Atisha, um antigo mestre tibetano que desenvolveu a meditação abaixo — descobriu que nós podemos absorver no espaço vazio do nosso coração qualquer coisa que esteja causando sofrimento. Medo, preocupação, ansiedade, contenda, sentimentos de desmerecimento, julgamentos, etc., todos esses "fantasmas" são bem-vindos. Quando eles entram no chakra do coração ao inspirarmos, eles se dissolvem e desaparecem no espaço vazio dentro do coração.
E, uma vez que o coração absorve e transforma essas energias negativas, nós podemos respirar energias positivas e mandá-las de volta para o mecanismo corpo-mente-coração.

O Coração de Alegria de Atisha: Autotratamento

Esta meditação se baseia na compreensão de que quanto mais profundamente mergulhamos no coração, ou no chakra cardíaco, mais nos dissipamos como um "eu" separado. A combinação de Reiki com esta técnica de meditação aprofunda a experiência de cura.

1 Sente-se relaxado e com os olhos fechados. Respire profundamente algumas vezes e suspire em cada expiração.

2 Coloque as mãos no meio do peito (chakra do coração; p. 140) e traga à mente uma situação passada ou atual que lhe tenha causado ou esteja causando dor ou sofrimento. Na fase de inalação, acolha o sentimento. Se lágrimas brotarem, apenas observe-as. Aceite toda emoção que aflorar e mergulhe profundamente na energia simples do sentimento, sem rotulá-lo nem julgá-lo.

3 Na expiração, entre novamente em sintonia com sentimentos de paz, amor e alegria. Transforme a expiração em portadora das bênçãos de paz, alegria e amor.

"Continue a bater até que a alegria interior abra uma janela para ver quem está lá."

RUMI, *SECRET LANGUAGE,* **TRAD. COLEMAN BARKS**

"O Reiki leva a mente e o espírito a um relaxamento profundo; com ele mergulhamos nas profundezas de nós mesmos."

DAVID, 29, ALUNO DE REIKI

Auto-reconhecimento

Todos estamos em busca da felicidade. Acreditamos que seremos felizes quando conseguirmos o que queremos, mas essa é uma ilusão que nos impede de sentir a felicidade que temos à mão aqui e agora. É a mente que quer, que fixa metas e cria expectativas. Mas a mente não é o "eu verdadeiro"; ela é apenas um conjunto de opiniões e crenças que você recolheu no passado. Todas as suas expectativas o afastam do seu eu verdadeiro e o levam à frustração.

Você acredita que é o corpo, a mente e as emoções, mas na realidade você é muito mais do que isso. Você é um ser divino de luz e dentro de você há silêncio, paz e amor incondicional. Você já é perfeito como é. Tudo o que você precisa fazer é reconhecer esse fato e dispor-se a descobrir quem você realmente é: busque nas profundezas do seu ser o eu verdadeiro que habita o centro tranqüilo e silencioso, distante de todos os acontecimentos externos de sua vida.

Reconhecer e entregar-se à sua própria natureza significará que você deixou de resistir ao que a vida lhe oferece e não sofre mais por querer que ela seja diferente do que é. Tudo será perfeito como é. Você será perfeito como é. E será capaz de abandonar todas as crenças e julgamentos que o deixaram infeliz no passado. Deixe que o Reiki o conduza por esse caminho de reconhecimento para que a luta termine e você possa começar a desfrutar a vida pelo que ela é.

Contato com o Divino: Autotratamento

Este exercício ajudá-lo-á a fortalecer seu vínculo com uma força divina que está dentro de você – um "Eu Superior" ou "guia espiritual". Assim você deixará de ser um obstáculo ao amor, à felicidade e à cura. Sugere-se um período de quinze a vinte minutos de tratamento.

*Se você for iniciado do **Segundo Nível de Reiki**, pode usar os símbolos do Mental Healing, desenhando-os na parte posterior da cabeça, antes de posicionar as mãos no Passo 2. Alternativamente, você pode visualizar os símbolos. Num caso ou outro, repita três vezes os mantras específicos de cada símbolo. Ao terminar, friccione as mãos para desfazer a conexão espiritual.*

1 Deite-se de costas e feche os olhos. Faça algumas respirações profundas, relaxantes, e deixe pensamentos e tensões do corpo dissipar-se com cada expiração. Depois, coloque as mãos sobre os olhos. Mantenha a posição por cinco minutos para equilibrar os hormônios, reduzir o *stress* emocional e facilitar a meditação. Praticantes do Segundo Nível, ver quadro à esquerda.

2 Em seguida, coloque a mão esquerda na nuca, com a palma cobrindo a medula oblonga, e a mão direita no chakra da coroa (p. 140), com os dedos apontando para trás. Mantenha a posição em torno de dez minutos.

3 Visualize um raio de luz entrando no seu corpo através das palmas e sinta todo o corpo sendo preenchido por esse amor e energia durante alguns minutos. Dirija parte dessa luz para áreas do corpo que você possa considerar como mais escuras.

4 Imagine que a porta da sala onde você está se abre e uma força maior do que você – uma energia divina – entra nesse espaço. Peça delicadamente a essa força que lhe ofereça a cura. Faça-lhe perguntas sobre você mesmo, se quiser; por exemplo, *"Qual é o próximo passo que devo dar na vida?"* e espere que as respostas surjam. Reserve uns dez minutos para essa etapa, antes de agradecer à força superior.

5 Em seguida, visualize mais luz, amor e cura penetrando no seu corpo através das mãos antes de retirá-las lentamente da cabeça. Alongue um pouco o corpo para ajudá-lo a voltar ao seu estado de consciência normal.

AUTO-RECONHECIMENTO **3 7**

1

"O Reiki produziu uma reviravolta na minha vida. Encontrei a verdadeira satisfação e a verdadeira alegria ao aplicar Reiki todos os dias em mim, na minha família e nos meus amigos. Estou me conhecendo sempre um pouco mais e aumentando minha confiança."

THOMAS, 24, ALUNO DE REIKI

2

Capítulo 2
A Vida em Casa

"É bom dar quando solicitado, mas é melhor dar sem ser solicitado, simplesmente por ter compreendido; para o generoso, procurar quem receba é alegria ainda maior do que a de dar, e existe alguma coisa que possais conservar? Tudo o que possuís, um dia será dado; dai agora, portanto, para que o tempo de dar seja vosso e não dos vossos herdeiros."

KAHLIL GIBRAN, *O PROFETA*, 1923

O NOSSO MODO DE VIVER passa por muitas mudanças ao longo da vida: primeiro vivemos com nossos pais; depois saímos de casa e vivemos sozinhos ou com um companheiro ou companheira; e finalmente tornamo-nos pais ou mães e iniciamos todo o ciclo novamente com os nossos próprios filhos. Nos dias de hoje, porém, as pessoas vivem toda sorte de situações: com parceiros do mesmo sexo, como pai ou mãe independentes, como novas famílias com filhos que o companheiro ou companheira traz de relacionamentos anteriores ou com amigos ou pessoas que têm as mesmas idéias e interesses.

Todos sabemos por experiência que viver com outras pessoas significa ter de enfrentar conflitos e problemas. Podemos facilmente ver-nos envolvidos em situações que consideramos complicadas e potencialmente infelizes. Apesar do nosso desejo de manter relacionamentos harmoniosos com as pessoas que convivem conosco, elas quase sempre acabam nos perturbando, pois não têm o comportamento que queremos ou que esperamos que tenham. No entanto, quando projetamo-nos para fora de nós mesmos e responsabilizamos outros por certas coisas – como freqüentemente fazemos – armamos uma armadilha para nós próprios. O fato de que, na nossa mente, é "culpa deles" se as coisas não estão indo bem e de que não somos responsáveis pelo que está acontecendo transforma-nos em vítimas, sem nenhuma saída. Abdicamos do nosso poder e, com ele, de qualquer possibilidade de mudar a situação.

Esse estado de coisas pode acarretar conseqüências desastrosas para a nossa vida, pois o ambiente familiar de paz e harmonia a que todos aspiramos desintegra-se diante dos nossos olhos, e a nossa necessidade e desejo de ter um santuário separado do mundo agitado que nos rodeia deixam de ser satisfeitos. Felizmente, porém, há muitas maneiras de recuperar relacionamentos familiares combalidos e de criar uma atmosfera saudável e relações melhores.

Fazer um esforço para tornar-se mais consciente de todos os aspectos de sua personalidade – desde crenças e opiniões, julgamentos e hábitos, até desejos e aversões – é um bom ponto de partida. O Reiki lhe dá condições de aprofundar essa consciência, fato que por si só normalmente elimina muitos dos obstáculos a relações harmoniosas com as pessoas à sua volta. Ao recorrer à Energia Vital Universal, podemos expandir e aumentar o nosso nível de consciência, como também equilibrar emoções fortes e trazer harmonia ao sistema do corpo e clareza à mente.

Este capítulo reflete sobre as formas de tirarmos o melhor proveito possível do tempo que passamos em casa. Ele está dividido em oito seções que têm como objetivo

ajudá-lo a escolher os exercícios mais relevantes para você e sua vida. As primeiras quatro seções – *Relacionando-se com os outros* (pp. 40-1), *Desenvolvendo a intimidade* (pp. 42-5), *Compartilhando* (pp. 46-7) e *Aceitando* (pp. 48-51) – ajudam-no a aumentar a consciência de como o seu comportamento afeta as relações com as pessoas com quem você vive. As últimas quatro seções – *Reiki para crianças* (pp. 52-5), *Reiki para bebês* (pp. 56-7), *Reiki para idosos* (pp. 58-9) e *Reiki para animais e plantas* (pp. 60-1) – estimulam-no a oferecer o presente do Reiki para aqueles a quem você dedica o seu afeto.

Relacionando-se com os outros

O MODO COMO VOCÊ SE RELACIONA COM AS PESSOAS com quem vive é fundamental para uma vida familiar feliz e para manter vínculos estreitos com cada membro da família.

É proveitoso ver os seus relacionamentos com os outros como um espelho. Se conseguir examinar com honestidade e objetividade o comportamento de uma pessoa que o incomoda ou irrita, você descobrirá que tudo o que mais o perturba quase sempre é reflexo de alguma parte sua de que você não gosta e da qual ainda não tomou consciência. Tudo de que não gosta no outro geralmente você encontrará escondido em algum lugar dentro de si mesmo. É importante conhecer e aceitar essa parte do seu ser para que possa amar e aceitar a si mesmo como um ser humano inteiro – e assim aceitar os outros da mesma maneira. Sempre que perceber que um julgamento a respeito de outra pessoa começa a se formar na sua mente, procure fazer o exercício descrito a seguir.

Enquanto não tivermos consciência das nossas feridas, é provável que continuaremos a atrair situações e pessoas que suscitam os mesmos sentimentos danosos que nos afetaram no passado. Para que a cura se realize, a ferida precisa ser exposta, do contrário ela continuará infeccionando e esperando pela próxima oportunidade de chamar a nossa atenção.

O Reiki ajuda a preparar o terreno para que o processo de cura aconteça. O Reiki equilibra emoções fortes, traz harmonia aos sistemas do corpo e aumenta a clareza da mente, aspectos todos esses que lhe dão condições de relacionar-se com as pessoas de modo mais harmonioso.

Percepção de Projeções

Para tomar consciência dos julgamentos que você faz dos outros, encontre um lugar sossegado onde ninguém possa perturbá-lo durante os quinze a trinta minutos de duração deste exercício. Tenha à mão caneta e papel ou o seu diário.

1 Sente-se, respire profundamente algumas vezes e evoque uma situação em que você se sentiu triste, incomodado ou irritado com alguém próximo de você.

2 Sendo totalmente honesto consigo mesmo e sem fazer julgamentos, diga em voz alta o que o incomoda. Por exemplo:
"Você é sempre tão (carente/exigente/condescendente...) e você nunca (respeita meu espaço/presta atenção quando eu falo/me dá oportunidade de provar que posso ser independente)."

3 Em seguida, troque a palavra "você" pela palavra "eu" e repita a frase em voz alta: *"Eu sou sempre tão (carente) e eu nunca (respeito o seu espaço)."* Procure ser aberto e realmente disposto a sentir o verdadeiro significado do que expressa; observe como você se sente.

4 Repita três vezes a frase do Passo 3 e observe que emoções surgem. Se sentimentos fortes vierem à tona, simplesmente observe-os.

5 Para terminar, escreva suas impressões sobre o exercício para aprofundar sua consciência da experiência.

Desenvolvendo a intimidade

INTIMIDADE SIGNIFICA estar aberto e vulnerável a outra pessoa – disposto a compartilhar pensamentos, sentimentos e energia. Normalmente, isso é mais fácil de se dizer do que de fazer, uma vez que as pessoas geralmente têm medo de se abrir, achando que serão magoadas, e por isso preferem manter-se seguras em sua concha fechada. No entanto, somente pessoas com coração aberto podem receber amor e harmonia em sua vida.

Quando você trata o chakra do coração (p. 140) com Reiki, você intensifica os sentimentos de satisfação e de alegria interior, e isso o estimula a amar mais a si mesmo e, por decorrência, a aprofundar suas relações com as pessoas que você ama. O Reiki é especialmente proveitoso quando palavras parecem inadequadas para expressar a intensidade do seu amor: o toque então aviva a nossa lembrança do que sentimos profundamente – no nosso âmago – e nos estimula a amar os outros como eles são.

O Reiki é eficaz também para problemas relacionados com a intimidade sexual, como impotência ou falta de desejo sexual. Esses problemas podem ter como causa o medo da intimidade – de "expor-nos" tão abertamente – caso em que a aplicação diária de um tratamento, como o descrito a seguir, pode ser muito benéfica. Ou então eles podem ser sinal de que existem outras áreas em seu relacionamento que precisam de atenção (ver exercícios como *Meditação Nadabrahma OSHO para Duplas*, p. 45, e *Falando e Ouvindo*, p. 46). No entanto, sempre consulte um médico antes de concluir se existe alguma razão de ordem física.

Problemas Sexuais: Autotratamento

Este tratamento ajuda a equilibrar a energia do primeiro chakra (relacionado com os órgãos da reprodução), do segundo chakra (o centro da vitalidade e da sexualidade) e do "terceiro olho" (ligado às glândulas pineal e pituitária e ao cérebro inferior). Permaneça em cada posição em torno de três a cinco minutos. (Ver p. 140 para a localização dos chakras.)

"O Reiki ajudou a relacionar-me com meu parceiro num nível emocional, removendo um certo aspecto do nosso relacionamento e renovando nossa vida sexual."

SUE, 38, ESTAGIÁRIA DE REIKI

1 Coloque as mãos sobre os olhos (ver também Posição da Cabeça 1, p. 18).

2 Em seguida, posicione as mãos na parte posterior da cabeça, cobrindo a medula oblonga (ver também Posição da Cabeça 4, p. 19).

3 Desloque as mãos para a Posição Frontal 1, com os dedos apontando para o centro do peito (p. 20).

4 Passe para a Posição Frontal 3, com as mãos sobre o abdômen (p. 20).

5 Depois, para a Posição Frontal 4 (pp. 15 e 20).

6 Continue com a Posição Dorsal 3, na região lombar, dedos apontando para a coluna (p. 21).

7 Termine com os dedos no cóccix, sobre o sacro, apontando para baixo e para dentro (ver também Posição Dorsal 4, p. 21).

DESENVOLVENDO A INTIMIDADE

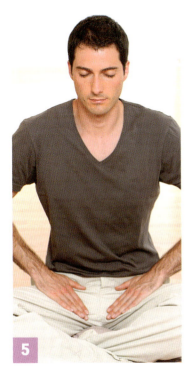

44 A VIDA EM CASA

"O Reiki é uma convergência calma, serena e maravilhosa de energia entre duas pessoas que estão em comunhão mútua, presentes no momento, que cura e restabelece todo o corpo."

LINDA, 31, ALUNA DE REIKI

Reaproximando-se

Se você e o seu companheiro se desentenderam e querem reaproximar-se, procurem fazer este exercício. Podem também praticá-lo quando se derem conta de que não estão se dando a devida atenção ultimamente ou que estão se sentindo bastante distantes um do outro. Usem uma música suave, se quiserem. Outra alternativa é realizar esta prática enquanto fazem amor, com o objetivo de sentir sua sexualidade num nível mais profundo, imbuídos de sentimentos de amor, ternura, confiança, carinho e unidade.

1 Sentem-se frente a frente, suficientemente próximos para que um possa tocar o peito do outro. Para ter mais conforto, usem almofadas.

2 Um coloca a mão direita sobre o centro do coração do outro e a esquerda sobre a mão direita do parceiro. Baixem o queixo, mantenham a respiração relaxada e sintam a energia Reiki fluindo para a região do peito; olhem-se suavemente nos olhos.

3 Depois de um ou dois minutos, fechem os olhos. Fiquem nessa posição durante o tempo que desejarem – de quinze a vinte minutos, talvez. A sensação de amor e unidade pode ser muito intensa.

Meditação Nadabrahma OSHO para Duplas

Esta é uma variação da meditação descrita na p. 137, desenvolvida pelo místico contemporâneo Osho. Ela se baseia numa antiga técnica tibetana e promove o equilíbrio entre o dar e o receber – um aspecto importante dos relacionamentos íntimos. Reservem uma hora para realizá-la, num momento do dia em que não sejam perturbados nem interrompidos. Quando o parceiro é do sexo oposto, a troca das energias masculina e feminina que se processa intensifica a meditação, mas pares do mesmo sexo também se beneficiam muito.

1 Sentem-se face a face, confortavelmente, um segurando a mão do outro, em cruz. Fechem os olhos e emitam juntos o som "hum" durante trinta minutos; com isso, as energias de ambos se agregam e juntam. Sintam as energias misturando-se enquanto as vibrações sonoras penetram em seus corpos.

2 Mantendo os olhos fechados, soltem-se as mãos e aproximem-nas do próprio corpo, palmas voltadas para cima, na frente do umbigo. Movimentem então as mãos em círculos amplos, horizontais, de dentro para fora a partir do umbigo, para a direita e para a esquerda. Mantenham o movimento das mãos e dos braços bem lento e consciente durante 7 minutos e meio. Sintam como cada um envia energia na direção do companheiro.

3 Em seguida, virem as palmas para baixo e invertam a direção dos círculos, num movimento de fora para dentro, durante outros sete minutos e meio. Sintam agora como cada um recebe energia.

4 Ainda com os olhos fechados, deitem-se de costas e permaneçam absolutamente imóveis e em silêncio durante quinze minutos. Vocês podem optar por deitar-se de lado e entrecruzar-se as pernas. Um toca as pernas do outro onde for mais confortável.

Sugestão: Se vocês se sentirem à vontade, podem fazer esta meditação despidos, cobrindo-se apenas com um lençol, como se estivessem embaixo de uma tenda. Também podem acender velas e queimar incenso.

Sintonizando-se com seu Filho

O exercício *Reaproximando-se* é também um modo excelente de aprofundar a sua sintonia com seu filho ou filha. Vocês podem praticá-lo sentados, como acima, mas é muito agradável fazê-lo deitados, olhando-se um para o outro; a posição deitada relaxa e revigora.

Compartilhando

Todos desejamos ter relacionamentos substanciosos. Não nos é difícil compartilhar nossa energia e felicidade com as pessoas que amamos, mas também é importante dividir com elas nossas lágrimas, nossa raiva ou outros sentimentos e pensamentos potencialmente negativos que estivemos acumulando. Quando conseguimos falar sobre nossos sentimentos feridos e expor-nos mesmo em momentos de tristeza, sofrimento ou raiva, a própria manifestação em si tem um poder extraordinário de cura. Ao expor-nos, também demonstramos que confiamos no nosso companheiro. O simples fato de saber que ele nos ouve faz com que nos sintamos compreendidos, um sentimento que cria uma intimidade profunda entre nós e ele.

Falando e Ouvindo

Este exercício é especialmente proveitoso quando você vive um conflito com um amigo ou companheiro e precisa falar, esclarecer uma situação ou manifestar seus sentimentos, mas não quer acabar discutindo. Vocês usam uma "prenda" para representar quem está com a palavra. Esta pode ser qualquer coisa, pois seu objetivo é indicar que quem está com ela pode falar livremente e sem ser interrompido, e servir de lembrança àquele que ouve que não é sua vez de se manifestar. Embora esta técnica não envolva imposição das mãos nem seja um tratamento de Reiki, ela é uma forma que lhe propicia relacionar-se com outra pessoa num nível mais profundo. Recomenda-se não ultrapassar uma hora.

*Se você é iniciado do **Segundo Nível de Reiki**, use o Primeiro Símbolo para aumentar a consciência e intensificar a energia enquanto fala. Desenhe ou visualize o símbolo entre você e o companheiro.*

1 Primeiro, combinem quanto tempo cada um poderá falar – de preferência períodos iguais de tempo, como cinco ou dez minutos, por exemplo – e resolvam quem começa.

2 O primeiro a falar pega a "prenda" e começa a expor o que tem em mente. Por exemplo, pode dizer alguma coisa como, "Muitas vezes eu me vejo

sobrecarregada de pequenas tarefas relacionadas com o cuidado da casa", ou "Você passa muito tempo com suas próprias coisas – quase nem o vejo". O interlocutor apenas ouve atentamente, sem interromper ou responder. O objetivo é ouvir mesmo e assimilar o que o outro tem a dizer. Por mais tentador que seja começar a defender-se mentalmente, interrompa calmamente possíveis pensamentos sobre o que você dirá quando for sua vez de falar.

3 Quando quem está com a palavra termina de falar, entrega a "prenda" para o outro, que por sua vez usa a palavra. Agora na condição de ouvinte, ele presta a máxima atenção possível ao que o outro tem a dizer. Essa alteração de papéis de falante a ouvinte pode ser repetida duas ou três vezes na mesma sessão, se necessário.

Sugestão: O exercício flui melhor se o controle do tempo for feito pela pessoa que ouve.

Aceitando

Em seus relacionamentos, as pessoas geralmente alimentam algumas expectativas com relação a si mesmas e aos que elas amam. Todos esperamos que o outro nos faça "felizes". Talvez apenas fazendo-nos companhia, ou estando presente quando precisamos dele, ou apoiando-nos em nossos envolvimentos com terceiros. Quaisquer que sejam as expectativas que tenhamos com relação à outra pessoa, toda "espera" acabará trazendo decepção, pois os outros só podem ser como são. Quando estabelecemos uma condição e ela não se realiza, ficamos ressentidos. A reação habitual é culparmos os outros e ficarmos com raiva ou frustrados por eles não preencherem nossas necessidades, em vez de procurarmos dentro de nós mesmos as causas da nossa infelicidade. Quando interpretamos os acontecimentos da nossa vida como oportunidades de aprendizado e crescimento interior, não aceitamos mais o papel de vítimas. Assumimos a responsabilidade pelo que acontece e descobrimos como é simples aceitar as coisas e as pessoas como elas são. Vemos então que nada realmente precisa mudar para que nos sintamos satisfeitos e felizes. Cada momento é rico em si mesmo.

Dito isso, a raiva e todas as outras emoções fortes são um componente natural da vida, e é importante percebê-las quando emergem. Do contrário, camadas dessas emoções podem acumular-se, causando repressão e, potencialmente, grande tristeza, dor e depressão. O Reiki pode ajudá-lo, primeiro, a reconhecer emoções recônditas e, segundo, a equilibrar e transformar essas emoções em sentimentos positivos.

Lidando com a Raiva e a Frustração

Ao receber este tratamento, você se sentirá relaxado e as suas energias emocionais recuperarão o equilíbrio. Tratar os rins e as glândulas adenais (como mostra o Passo 4) também acalma e fortalece os nervos, o que lhe permite soltar-se com mais facilidade. Se as lágrimas verterem, deixe-as correr e mantenha as mãos no ponto de origem da emoção até senti-la dissolver-se. Se não, mantenha as mãos em cada posição durante cerca de cinco minutos. Se quiser, use uma música que favoreça o relaxamento.

1 O receptor deita-se confortavelmente, com os olhos fechados. Sugira-lhe que faça algumas respirações profundas, relaxando sempre mais em cada expiração.

2 Posicione as mãos no topo da cabeça, deixando um espaço entre elas para evitar a área sensível do chakra da coroa (p. 140). Essa posição ajuda o receptor a concentrar-se e a aliviar o *stress*.

3 Em seguida, coloque as mãos em torno da garganta, sem tocá-la diretamente, para atenuar a raiva reprimida e a frustração, e também para favorecer uma auto-expressão equilibrada.

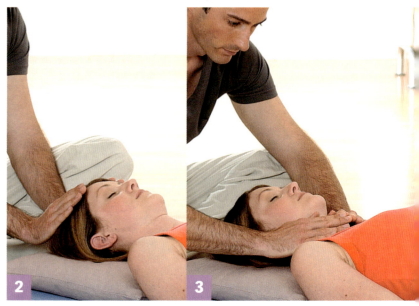

ACEITANDO 49

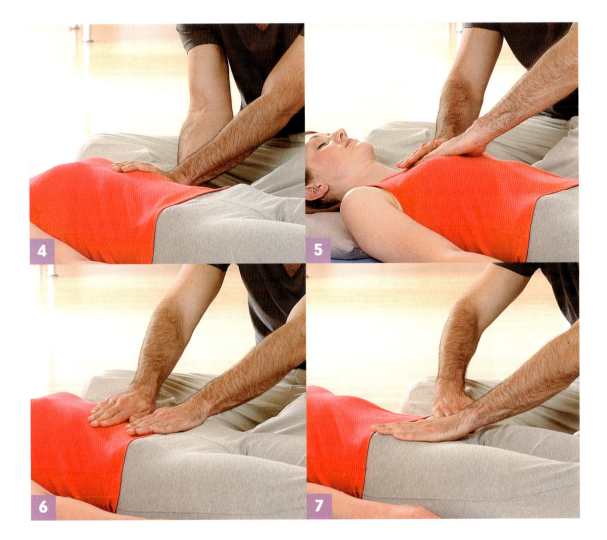

4 Coloque uma das mãos no lado esquerdo inferior da caixa torácica e a outra nas costas, sobre os rins e as glândulas adrenais – no lado esquerdo da região lombar. Essa posição acalma emoções fortes e reduz o *stress* e a dor. Depois vá para o lado direito do receptor e trate-o do mesmo modo nesse lado – posicione uma das mãos no lado direito inferior da caixa torácica e a outra na região lombar. Essa posição ajuda a reduzir o medo e a frustração e equilibra emoções como a raiva e a depressão.

5 Volte à posição anterior; ponha uma das mãos sobre o esterno e a outra sobre a glândula timo, logo abaixo da clavícula: as mãos assumem a forma de um T (Posição Frontal 1, p. 14). Essa posição favorece o relaxamento, ajuda a reequilibrar as energias emocionais e aumenta a capacidade de amar e de apreciar a vida.

6 Coloque uma das mãos acima e a outra abaixo do umbigo. Essa posição acalma e libera emoções fortes, como medo, depressão e choque.

7 Posicione as mãos sobre o baixo-ventre, formando um V. Se o receptor for mulher (p. 20), as mãos se tocam sobre o osso pubiano; se for homem (p. 15), descansam sobre a virilha. Essa posição ajuda a "ter os pés no chão" e alivia o medo existencial.

Lidando com a Raiva e a Frustração: Autotratamento

Este exercício é uma variação do tratamento apresentado nas pp. 48-9.

1 Coloque uma das mãos na testa e a outra na nuca, sobre a medula oblonga.

2 Em seguida, coloque as mãos em torno da garganta, com os pulsos se tocando no centro e os dedos apontando para trás.

3 Depois, posicione a mão esquerda no lado esquerdo da região lombar, sobre os rins e as glândulas adrenais, com os dedos apontando para a coluna; e a mão direita no lado esquerdo, sobre a região inferior da caixa torácica. Se fizer o exercício deitado, apóie o cotovelo direito numa almofada. Em seguida, siga o mesmo procedimento para o lado direito do corpo, agora com a mão direita nas costas e a esquerda na frente.

4 Coloque uma das mãos no meio do peito e a outra sobre o esterno, abaixo da clavícula.

5 Posicione uma das mãos acima do umbigo, cobrindo o plexo solar, e a outra abaixo do umbigo, tocando o estômago.

6 Posicione ambas as mãos sobre a região do baixo-ventre, formando um V. Se mulher, as mãos se tocam sobre o osso pubiano (p. 20); se homem, ficam mais afastadas, cobrindo a região da virilha (p. 15).

1

ACEITANDO 51

Tratamento para crianças

TODAS AS CRIANÇAS SÃO CHEIAS DE ENERGIA VITAL quando nascem, o que significa que estão muito mais próximas da "fonte" – de Deus – do que os adultos que, em sua maioria, esqueceram seus vínculos divinos. As crianças não tiveram tempo suficiente para construir as mesmas barreiras, sistemas de crença e mecanismos de autodefesa que os adultos.

No entanto, crianças são seres inteligentes e sensíveis que aprendem com o que têm à sua volta; por isso, é importante que sejam criadas num ambiente seguro por pais amorosos e dignos de confiança para que possam ter uma base saudável e sólida para toda a vida. Como pais, nossa primeira responsabilidade, portanto, é sermos respeitosos e compreensivos para com nossos filhos, confiando neles, desenvolvendo seu potencial e criatividade e dando-lhes liberdade para que sejam eles mesmos. Quando aceitamos que nossos filhos vieram ao mundo com a nossa ajuda, mas não nos pertencem, compreendemos que eles têm seu próprio destino. Ao respeitar nossos filhos, podemos aprender muito com eles, do modo como são.

O Reiki é um meio muito eficaz de ajudar as crianças a liberar o *stress* e a equilibrar suas energias hiperativas; ele é de grande proveito também em caso de dificuldades com o aprendizado e em manifestações de emoções fortes, como frustração, raiva, tristeza e alterações de humor. No nível físico, o Reiki fortalece o sistema imunológico.

Para Acalmar Energias Hiperativas

A aplicação de Reiki a seus filhos antes de dormirem é um ritual muito benéfico também para você; por isso, se as condições forem favoráveis, aproveite esse momento para fazer este exercício. Ele ajuda a aliviar medos e preocupações que possam se manifestar em sonhos durante a noite e transmite uma sensação de segurança e proteção. Você pode também sussurrar uma canção de ninar, contar uma historinha agradável ou pôr uma música de fundo suave para que a sensação de paz e segurança seja ainda mais profunda.

1 Com sua filha já deitada, peça-lhe que feche os olhos; faça o alisamento da aura, movimentando lentamente as mãos um pouco acima do corpo – do alto da cabeça até os pés.

1

TRATAMENTO PARA CRIANÇAS 53

2 Ponha uma das mãos na nuca, cobrindo a medula oblonga, e a outra sobre a testa, cobrindo o terceiro olho (sexto chakra; p. 140). Essa posição acalma e alivia o *stress*.

3 Envolva a parte posterior da cabeça com as mãos em concha, abrangendo a medula oblonga – entre a cabeça e o pescoço. Essa posição ajuda a criança a adormecer com mais facilidade e transmite segurança.

4 Posicione uma das mãos sobre a testa e a outra sobre o plexo solar (terceiro chakra; p. 140) para harmonizar e equilibrar energias emocionais.

5 Mantenha uma das mãos sobre a testa e desloque a outra até o estômago. Essa posição produz uma sensação de profundo relaxamento.

Sugestão: O Passo 5 pode constituir-se num tratamento em si mesmo, para induzir sono; nesse caso, mantenha as mãos na posição durante cerca de dez minutos ou até que a criança adormeça.

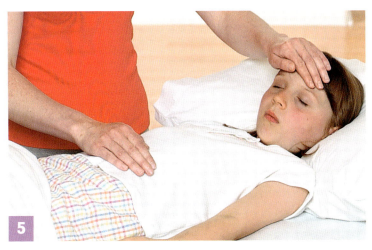

Para Facilitar a Concentração e Superar Dificuldades de Aprendizado

Este tratamento ajuda seu filho a concentrar-se melhor – especialmente antes de um exame – e ativa a memória de longo e curto prazo. Também ajuda a reduzir o *stress* e a atividade mental excessiva. Você pode aplicar o tratamento em silêncio ou com uma música suave, durante dez a quinze minutos ou pelo tempo que considerar apropriado.

1 Com seu filho deitado ou sentado, posicione as mãos sobre os olhos, a testa e os ossos malares para ajudar a energia a fluir para dentro. Normalmente, uma grande quantidade de energia do corpo sai pelos olhos quando eles estão abertos; por isso, ao relaxar os olhos, relaxamos também o corpo.

2 Em seguida, posicione as mãos em ambos os lados da cabeça da criança, com as pontas dos dedos tocando as têmporas e as palmas acompanhando o contorno da cabeça. Essa posição equilibra o lado direito (intuitivo) e esquerdo (lógico) do cérebro e ajuda em situações de aprendizado e dificuldades de concentração.

3 Finalmente, posicione as mãos na parte posterior da cabeça, segurando-a como uma bola. Essa posição alivia a tensão e abranda emoções fortes, como o medo.

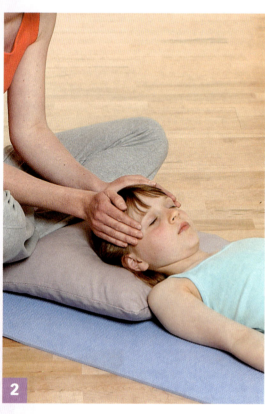

Para Alterações de Humor e tristeza

O Reiki aplicado à cabeça do seu filho aumenta a produção de endorfinas – os "hormônios da felicidade" do corpo – e o aplicado ao plexo solar e à região dorsal fortalece a confiança e a auto-estima. Reserve de quinze a vinte minutos para esse tratamento, ou o tempo que for necessário.

1 Posicione as mãos em ambos os lados da cabeça, com as pontas dos dedos tocando as têmporas e as palmas seguindo o contorno da cabeça. Essa posição acalma a mente e estimula seu filho a recuperar o sentido da alegria de viver.

2 Envolva a parte posterior da cabeça com as mãos em concha, abrangendo a medula oblonga, entre a cabeça e o pescoço. Essa posição fortalece a intuição e produz clareza mental.

3 Ponha as mãos em ambos os lados da porção inferior da caixa torácica. Essa posição trata o plexo solar, aumentando a energia, promovendo o relaxamento e reduzindo medos e frustrações.

4 Peça a seu filho que se vire de costas. Posicione então as mãos em torno da cintura, na altura dos rins, para fortalecer os rins, as glândulas adrenais e os nervos. A posição ajuda o receptor a aliviar o *stress*, o medo e a dor.

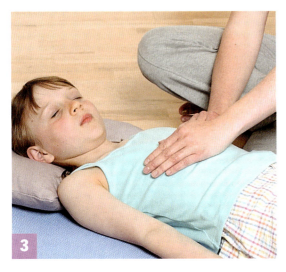

Tratamento para bebês

É GRANDE A EFICÁCIA DO REIKI NO TRATAMENTO DE BEBÊS, pois eles estão cheios de energia, satisfeitos e ligados à "fonte". Com efeito, apenas tocar e segurar seu bebê no colo é uma forma de Reiki no sentido de que isso "alimenta" o bebê com luz e energia e abre a sua própria energia do coração.

Não obstante, você também pode dar ao seu bebê tratamentos diários breves de Reiki, como os sugeridos a seguir. Com isso, você aprofundará os laços entre vocês e aumentará o seu próprio bem-estar emocional.

De modo geral, não precisamos dar tratamentos completos aos bebês. De dez a vinte minutos é quase sempre um tempo adequado. Eles normalmente rolam para o lado ou se afastam de gatinhas quando acumularam energia suficiente. Confie na sua intuição quanto à posição das mãos a aplicar e à duração de tempo.

Se perceber que o seu bebê não responde bem ao toque direto, mantenha as mãos um pouco acima do corpo; a energia será absorvida do mesmo modo. O Reiki é especialmente proveitoso para acalmar bebês em situações como estas: estão nervosos ou irrequietos, têm gases, sentem dores devidas à dentição ou têm dificuldade para pegar no sono. Não há nenhum problema em tratá-los também enquanto dormem, por exemplo, caso estiverem agitados.

Para Induzir o Sono
Posicione uma das mãos sobre a testa e a outra sobre a barriga para ajudar seu bebê a dormir mais rapidamente.

Tratamentos Fáceis
• Se o bebê estiver deitado de lado, coloque uma das mãos na nuca e a outra nas costas; assim você abrange quase todo o tronco e todos os centros de energia, equilibrando e harmonizando as energias.

• Se o bebê estiver deitado de costas, coloque uma das mãos debaixo das costas e a outra na barriga.

• Se o bebê estiver deitado de barriga, ponha uma das mãos debaixo da barriga e a outra nas costas. Essa posição harmoniza a energia.

Nas opções 2 e 3, o seu bebê fica entre as suas mãos e recebe energia de cura em todo o corpo. O tratamento abrange todos os órgãos, o que ajuda em caso de problemas digestivos, como gases ou diarréia.

Estudo de Caso
O bebê Tobias se recuperava de uma meningite, mas estava demorando muito para normalizar a temperatura e eliminar as manchas do corpo. Um dia depois de receber um tratamento de Reiki, a temperatura baixou e em três dias ele voltou ao seu nível de energia normal. Segundo os pais, ele também pareceu passar por um "surto de desenvolvimento", como que recuperando o tempo perdido com a doença.

TRATAMENTO PARA BEBÊS 57

"Vossos filhos não são vossos filhos.

Eles são os filhos e as filhas do anseio da Vida por si mesma.

Eles vêm por meio de vós, mas não de vós,

E embora vivam convosco, não vos pertencem.

Podeis dar-lhes *vosso* amor, mas não vossos pensamentos.

Pois têm seus próprios pensamentos.

Podeis abrigar seus corpos, mas não suas almas,

Pois suas almas moram na mansão do amanhã, que não

podeis visitar, nem mesmo em sonho."

KAHLIL GIBRAN, *O PROFETA*, **1923**

Tratamento para idosos

AS CONDIÇÕES DE VIDA mudaram muito nas últimas décadas e provavelmente continuarão mudando. A estrutura da família tradicional veio enfraquecendo aos poucos e pessoas mais idosas podem se sentir desorientadas com o ritmo acelerado do mundo moderno em que se vêem envolvidas. Elas sofrem mais quando se sentem inúteis e desvalorizadas, especialmente por uma sociedade que idealiza cada vez mais a juventude e é obcecada pelo "novo". A nossa cultura ocidental faz de tudo para ignorar o fato de que todos envelhecemos e que um dia morreremos. Enquanto não aceitarmos a morte como uma realidade e como parte da vida, teremos um medo profundo do processo de envelhecimento e do ato de morrer.

Pessoas idosas podem beneficiar-se muito com o contato físico regular, inclusive com massagem e tratamentos de Reiki. O calor das mãos sobre o corpo pode aliviar dores ou desconforto, especialmente se moram sozinhas ou num asilo onde talvez tenham pouco contato físico com outras pessoas. Atualmente, é cada vez maior o número de pessoas que trabalham em profissões de assistência e que conhecem e são treinadas em Reiki com esse objetivo.

A aplicação de Reiki aos membros mais idosos de sua família renova-lhes as forças e lhes dá novas energias e também aperfeiçoa e revigora o relacionamento entre você e eles, pois o Reiki cria espaço para uma relação silenciosa de coração a coração. É uma dádiva especial poder oferecer Reiki aos seus pais ou avós. E o fato de a energia Reiki passar livremente pela roupa também é uma vantagem.

Tratamentos Breves

Em geral, é mais adequado aplicar Reiki a pessoas idosas com elas sentadas, para que fiquem bem confortáveis. Os primeiros dois tratamentos devem ser breves – entre vinte e trinta minutos (ver um exemplo de tratamento à direita) – para que a pessoa se acostume à energia de cura. Um tratamento longo pode exigir muito de um idoso, por isso confie na sua sensibilidade e intuição quanto à duração do tratamento e sempre avalie o procedimento com o receptor. Depois de aplicar dois ou três tratamentos breves, você pode realizar um tratamento completo (pp. 12-7), que normalmente ocupa em torno de uma hora.

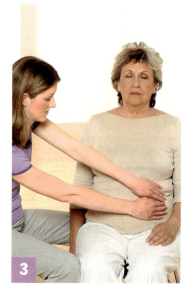

1 Posicione uma das mãos sobre a testa do receptor e a outra na nuca – sobre a medula oblonga.

2 Posicione ambas as mãos, suavemente, no topo da cabeça do receptor – sobre o chakra da coroa – deixando um pequeno espaço entre as mãos, evitando assim que se toquem.

3 Em seguida, coloque as mãos sobre o abdômen do receptor, um lado de cada vez, para facilitar a digestão.

Dor nas Articulações

A artrite é um distúrbio muito comum na velhice. Trata-se de uma inflamação das articulações e suas características típicas são inchaço, vermelhidão, dor e rigidez extrema. A osteoartrite é uma forma comum de degeneração que causa muito incômodo e muitas dores. E a artrite reumatóide, que afeta principalmente as mulheres, é um distúrbio auto-imune em que o sistema imunológico ataca as articulações do corpo como atacaria uma bactéria ou vírus invasor. Existem, porém, muitos tipos diferentes de artrite, muitos dos quais são causados por bactérias e vírus, como a artrite infecciosa.

É importante consultar um médico para ver como ele pode ajudar você a lidar com seus sintomas. Entretanto, também é recomendável ter em mente que a desordem pode ser em parte devida a desequilíbrios emocionais, como um modo de pensar excessivamente rígido, ser demasiadamente crítico de si mesmo e não se sentir amado. O Reiki pode ajudar tanto com relação aos aspectos físicos como emocionais.

1 Peça ao receptor que se sente ou se deite, e pergunte onde ele sente mais dor. Posicione as mãos diretamente nessas áreas. O tratamento será mais eficaz se você conseguir envolver toda a articulação, com as mãos posicionadas nos dois lados ou em cima e embaixo.

2 Se o receptor achar oportuno, você pode tratar todo o corpo (Ver Tratamento Completo de Reiki, pp. 12-7).

3 Em seguida, coloque uma das mãos na junção da coxa com a nádega e a outra no calcanhar. Para isso, é melhor o receptor deitar-se de bruços – mas só se ele se sentir confortável nessa posição.

4 Finalmente, ponha as mãos na sola dos pés, os dedos apontando para baixo. Essa posição trata as zonas de reflexo do pé correspondentes aos órgãos do corpo e energiza os pés.

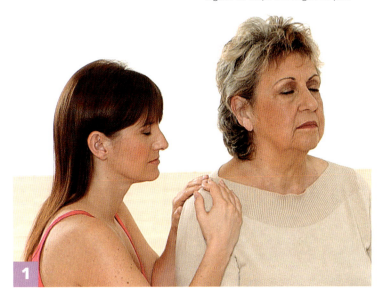

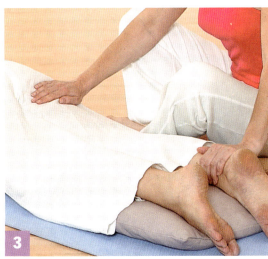

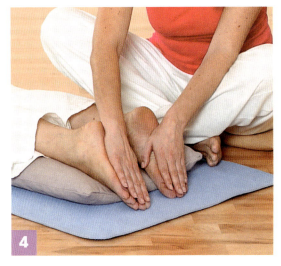

Tratamento para animais e plantas

A MAIORIA DOS ANIMAIS PARECE GOSTAR de receber Reiki. Quando seu cachorrinho está indisposto, você pode ajudá-lo a se sentir melhor e estimular seu sistema imunológico simplesmente fazendo uma imposição das mãos e aplicando-lhe um Reiki. Os animais sentem imediatamente que alguma coisa especial lhes está sendo dada e desfrutam esses momentos de atenção.

A localização dos órgãos em todos os mamíferos, inclusive nos seres humanos, é muito semelhante; por isso, as posições de tratamento específicas também são muito próximas. Quando um animal conhece você, ele lhe mostrará onde pôr as mãos assumindo uma determinada posição; por exemplo, um cachorro que rola sobre as costas para que você coloque as mãos na barriga dele. Muitas vezes ele lhe indicará também que recebeu energia suficiente, seja mudando de posição ou levantando-se para ir embora, mas um período de dez a trinta minutos é um tempo apropriado.

> **ESTUDO DE CASO**
>
> *Depois de receber uma vacina, o cachorro de um estagiário de Reiki desenvolveu uma inflamação severa na área da aplicação. Ela cresceu até ficar do tamanho de uma bola de tênis e o veterinário sugeriu remoção por cirurgia. Relutante em concordar com isso antes de tentar uma alternativa, o dono começou a aplicar Reiki na região afetada durante meia hora, todas as noites, durante três semanas. A área inflamada voltou ao normal e não foi necessário operar.*

Tratamento de Animais de Estimação

• Trate atrás das orelhas ou ponha uma das mãos no topo da cabeça e a outra na garganta para dar um alívio geral ao seu cachorrinho.

• Trate o peito, o estômago, as costas e os quadris para todos os males – desde distúrbios do estômago até artrite.

• Trate pontos doloridos diretamente – sobre o gesso em caso de ossos quebrados.

• Para peixes: posicione as mãos em torno do tanque ou sobre o aquário.

• Para pássaros: posicione as mãos em torno do pássaro ou da gaiola.

• Segurar o seu bichinho na sala de espera do veterinário, canalizando-lhe a energia Reiki através das mãos, ajudará a acalmá-lo e aliviar o medo. Se possível, imponha-lhe as mãos também durante o exame.

TRATAMENTO PARA ANIMAIS E PLANTAS **6 1**

Tratamento de Plantas

Todos nós gostamos que nossas plantas e flores tenham uma aparência saudável e vibrante, pois elas fazem uma grande diferença para o ambiente onde moramos – trazendo a natureza e um pouco mais de vida para nossa casa. As plantas e as flores – tanto internas como externas – podem receber tratamentos de Reiki do mesmo modo que as pessoas – seja para ajudá-las a se manterem saudáveis, crescer mais rápido ou recuperar-se de um problema específico. Simplesmente segure-as nas mãos ou posicione as mãos acima ou ao redor delas durante alguns minutos, transferindo-lhes conscientemente Energia Vital Universal.

• Trate sementes com Reiki antes de semeá-las. Alguns dias depois, dê-lhes Reiki novamente colocando as mãos sobre o solo.

• Posicione as mãos ao redor das raízes das mudas ou plantas antes de plantá-las.

• Trate as raízes de plantas envasadas envolvendo o vaso com as mãos. Trate as folhas envolvendo-as com as mãos.

• Ao transplantar uma planta, trate as raízes antes de colocá-la em seu novo recipiente.

• Trate flores colhidas posicionando as mãos em torno das hastes e depois em torno do vaso.

• Estimule um crescimento mais forte e mais rápido de ervas e vegetais colocando as mãos ao redor deles.

• Trate todo o seu jardim com a técnica do Tratamento a Distância (p. 139) – especialmente proveitosa quando você está de férias ou apenas acabou de semear e está esperando uma boa colheita.

Se não for possível tratar animais diretamente, **praticantes do Segundo Nível** *podem usar a técnica do Tratamento a Distância (p. 139) para tratá-los e dar-lhes alívio. Esse procedimento pode ser especialmente vantajoso no tratamento de animais que vivem em zoológicos ou abrigos.*

ESTUDO DE CASO

Os cavalos são animais muito sensíveis e parecem gostar muito da energia Reiki. Richard, estagiário de Reiki e proprietário de um cavalo, disse-me que sempre que seu cavalo tem algum problema, como inflamação nas articulações ou tensão muscular, ele mantém as mãos diretamente sobre a área afetada durante dez a vinte minutos. Ele também coloca as mãos na cabeça do cavalo e atrás das orelhas. Nessas ocasiões, ele percebe que o animal fica visivelmente mais calmo – como se gostasse da energia de cura.

Capítulo 3
A Vida no Trabalho

"Quando trabalhais com amor, vós vos unis a vós próprios e uns aos outros. E o que é trabalhar com amor? É tecer o tecido com fios desfiados do vosso coração, como se vosso bem-amado fosse usar essa veste. É preencher tudo o que fazeis com um alento do vosso próprio espírito."

KAHLIL GIBRAN, *O PROFETA*, 1923

Estamos vivendo tempos de mudanças rápidas e os avanços tecnológicos das últimas décadas alteraram quase todas as nossas condições de trabalho e o modo como nos comunicamos uns com os outros. No entanto, a tecnologia e os computadores que nos ajudam na profissão também nos impõem novas tarefas, bombardeiam-nos com quantidades de informação aparentemente infinitas e passam a idéia de que temos de estar sempre "de plantão", seja por meio de telefones celulares ou de mensagens eletrônicas. Também nos sentimos pressionados a ser flexíveis com o nosso tempo e a ter competência para dar conta de muitas obrigações ao mesmo tempo, e essa multiplicidade de compromissos normalmente é muito desgastante.

O problema é que dificilmente conseguimos aliviar o *stress* que acumulamos no trabalho. Se temos uma discussão com o patrão, por exemplo, não é uma boa opção irritar-nos ou deixá-lo falando sozinho. Apesar da enorme vontade de fazer isso, o nosso condicionamento humano não nos permite ter esse comportamento e, além disso, correríamos o risco de ser despedidos. Então, em geral ficamos quietos, engolindo a raiva. Assim, retemos o *stress* e a raiva no corpo, onde se manifestam como tensões físicas, dor e talvez doença.

Outras formas de vida não mantêm episódios de *stress* e tensão como o descrito. Por exemplo, se observar com atenção, você notará que, depois de uma briga de patos, os envolvidos liberam a tensão imediatamente, batendo as asas duas ou três vezes e voltando a nadar como se nada tivesse acontecido. Nós, porém, seres humanos, guardamos o *stress*. Preocupamo-nos com todos os tipos de coisas, desde talvez não sermos capazes ou inteligentes o suficiente para executar uma tarefa que nos tenha sido atribuída, até se o nosso novo chefe vai gostar ou não de nós.

A maioria das pessoas desenvolve mecanismos de compensação para lidar com situações estressantes. Algumas comem ou bebem demais, fumam excessivamente ou entram em letargia e param de fazer exercícios. Outras desenvolvem sintomas como nervosismo, acessos de ansiedade, fadiga, abatimento, alterações de humor, suores repentinos, esquecimento, agressão, depressão, frustração ou insatisfação. Alguns desses sintomas podem inclusive transformar-se em doenças mais graves, como dermatite, asma, enxaqueca ou úlcera gástrica. Mesmo a pressão alta, os problemas cardíacos, a diabetes e a esterilidade podem ter como causa o *stress*.

O Reiki é um meio de aliviar o *stress* e a dor, de ir diretamente às causas do *stress* e de ajudar-nos a encontrar modos de evitar que ele se transforme num problema. Por exemplo, o Reiki nos ajuda a confiar mais em nós mesmos e nos põe novamente em contato com a nossa criatividade e com os nossos sentimentos de alegria e entusiasmo pela vida e, como conseqüência podemos desenvolver uma

atitude mais descontraída e produtiva com relação ao trabalho. O Reiki também pode ajudar-nos muito a melhorar as relações com nossos colegas de trabalho – fazendo com que nossas habilidades de comunicação operem num nível mais profundo. Ele nos ajuda ainda a manter a atenção na atividade do momento presente, e assim não pensamos nem nos preocupamos muito com o que virá adiante, uma atitude que aumenta a satisfação no trabalho.

Todos esses temas serão abordados nas três seções deste capítulo: *Para evitar o* stress (pp. 64-9), *Comunicação* (pp. 70-3) e *Satisfação no trabalho* (pp. 74-9). Alguns dos exercícios descritos são ideais para fazer no posto de trabalho – principalmente os mais simples que podem ser feitos na posição sentada ou de pé; outros são mais indicados para casa, como modo de preparação para o trabalho ou como relaxamento depois das atividades do dia.

Para evitar o *stress*

SITUAÇÕES ESTRESSANTES são muito comuns no ambiente de trabalho, causadas por fatores os mais diversos: prazos rígidos, colegas incompreensivos, exigências que impomos a nós mesmos, e aos outros, no início de novos projetos, responsabilidade que sentimos quando as coisas não acontecem como esperávamos. Em toda situação estressante, as glândulas adrenais secretam hormônios no sangue, que os transporta para todo o corpo, com efeitos profundamente nocivos.

Nos dias atuais, um número cada vez maior de pessoas está desenvolvendo sintomas relacionados com o *stress*, desde dores de cabeça, enxaquecas e dores nos ombros e no pescoço até distúrbios estomacais, insônia e acessos de ansiedade.

Podemos aplicar Reiki em qualquer situação estressante ou potencialmente estressante. Em termos físicos, ele fortalece o sistema imunológico e equilibra as energias, rejuvenescendo o receptor e repondo rapidamente suas forças. Emocionalmente, ele devolve a quem o recebe uma sensação de paz e alegria interior, neutralizando preocupações, medos e sentimentos de inquietação e desânimo. No nível mental, o Reiki repõe o receptor em contato com sua intuição, confiança e criatividade, esclarecendo as condições para tomadas de decisão acertadas.

Dores de Cabeça e Enxaquecas

Este tratamento ajuda a liberar a tensão que freqüentemente causa dores de cabeça e enxaquecas. Ele acalma a atividade mental excessiva, ajuda a clarificar os processos de pensamento e estimula a produção de endorfinas – os "hormônios da felicidade" do corpo. Recomenda-se manter as mãos em cada posição em torno de três a cinco minutos; por isso, reserve cerca de quinze minutos para o tratamento completo. O receptor pode ficar sentado ou deitado, o que for mais conveniente e confortável.

1 Coloque uma das mãos sobre a testa e a outra na nuca, sobre a medula oblonga. Essa posição ajuda a reduzir o *stress* e facilita a meditação.

1

2 Posicione as mãos nos lados da cabeça, com a base das palmas tocando as têmporas e os dedos apontando para cima. Essa posição trata os músculos e nervos dos olhos e equilibra os lados direito e esquerdo do cérebro.

3 Apóie a base das palmas um pouco abaixo da nuca, com os dedos apontando para cima. Essa posição alivia medos e acalma a mente e as emoções.

Sugestão: Não havendo ninguém que possa aplicar-lhe esse tratamento, faça um autotratamento usando as mesmas posições das mãos.

Autotratamento Completo

A aplicação diária de um autotratamento completo (pp. 18-21) lhe trará efeitos rejuvenescedores perceptíveis: você terá uma aparência mais vibrante e se sentirá mais vivo. Você também será menos suscetível ao *stress* no local de trabalho e terá uma sensação de bem-estar mais profunda. A seqüência de autotratamento recomendada deve levar de quinze minutos e uma hora.

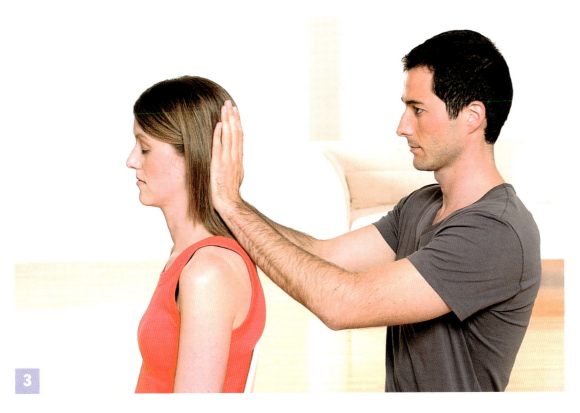

Dores nas Costas

As causas mais comuns das dores nas costas são função renal deficiente, hábitos alimentares nocivos, falta de exercícios, postura inadequada, falta de apoio adequado na vida, *stress* e tensão. O *stress* pode perturbar a energia em todo o corpo, mas de modo especial nos músculos das costas, que podem ter espasmos quando os rins e os músculos correlatos da região lombar ficam fracos.

Este tratamento alivia consideravelmente dores e tensões nas costas e é eficaz também para tratar ressacas. É recomendável manter as mãos em cada posição em torno de três a cinco minutos, por isso reserve de vinte a trinta minutos de tempo. O receptor deve deitar-se de bruços, usando almofadas ou toalhas para ficar confortável.

1 Posicione ambas as mãos sobre as costelas inferiores, ligeiramente acima da cintura (Posição Dorsal 3, p. 21), de modo a cobrir as glândulas adrenais e a porção superior dos rins. Depois desloque as mãos para baixo, a distância correspondente à largura de uma palma, colocando-as sobre os rins. Essas duas posições ajudam a equilibrar as funções das glândulas adrenais, dos rins e do sistema nervoso.

2 Posicione as mãos sobre a região lombar, no nível dos quadris, para que toda ela fique impregnada pela energia Reiki.

3 Posicione as mãos em ambos os lados da base da coluna, sobre a área do sacro – com os dedos de uma das mãos apontando para as pernas e os da outra para a cabeça. Essas duas posições e a anterior aliviam dores ciáticas e lombares, fortalecem a linfa e os nervos e favorecem a criatividade e a sexualidade.

4 Termine o tratamento colocando uma das mãos sobre o cóccix e a outra sobre a região cervical, no pescoço, para equilibrar a energia que flui ao longo da espinha.

Sugestão: Não havendo ninguém que possa aplicar-lhe esse tratamento, faça um autotratamento usando as Posições Dorsais 3 e 4 (p. 21).

Dor no Pescoço e nos Ombros: Reiki e Massagem

A tensão nos músculos do pescoço e dos ombros é geralmente causada por *stress*, postura inadequada (especialmente se você fica sentado na frente de uma escrivaninha ou do computador todo o dia), falta de exercícios e desequilíbrios no fígado e na vesícula biliar. A sensação de estar sobrecarregado de responsabilidades também provoca dores nessas regiões.

Esta combinação de massagem e Reiki alivia tensões no pescoço, na cabeça e nos ombros e harmoniza energias no corpo. O tempo total de tratamento é de aproximadamente quinze a vinte minutos. O receptor pode ficar de pé ou sentado, o que for mais confortável, desde que o doador possa alcançar facilmente o pescoço e os ombros.

1 Posicione uma das mãos na testa e a outra sobre a medula oblonga. Mantenha a posição em torno de três minutos para aliviar as sensações de exaustão e *stress*.

2 Massageie as laterais da garganta e a nuca durante alguns minutos. Aplique um toque suave, fazendo movimentos circulares, com a ponta dos dedos. Continue com a massagem na medula oblonga, estimulando o receptor a suspirar durante a expiração para liberar tensões retidas no corpo. Em seguida, massageie a parte alta dos ombros, verificando com o receptor se a pressão está adequada.

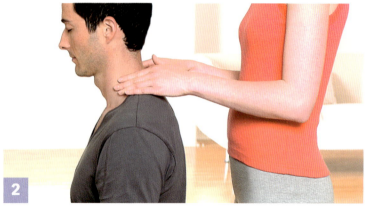

PARA EVITAR O *STRESS* **6 9**

3 Posicione a base das palmas nos lados direito e esquerdo da região superior da coluna, com as mãos seguindo a curva natural dos ombros. Deixe a energia Reiki fluir nessa região durante alguns minutos.

4 Em seguida, massageie em torno das omoplatas, com movimentos circulares dos dedos médio e indicador. Quase todos nós acumulamos muita tensão na área atrás das omoplatas.

5 Para terminar, posicione uma das mãos na parte superior das costas, entre as omoplatas, e a outra no centro do peito; mantenha durante alguns minutos. Essa posição fortalece o sistema imunológico.

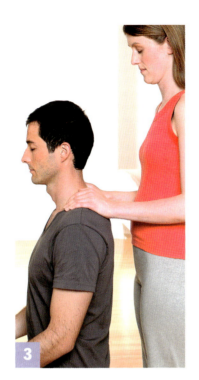

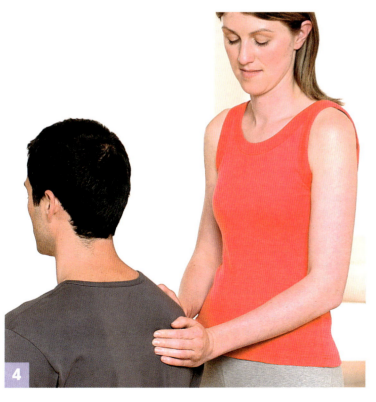

Comunicação

A MAIOR PARTE DA COMUNICAÇÃO de que temos consciência se dá quando falamos e ouvimos uns aos outros – ações do intelecto. No entanto, os pesquisadores da dinâmica da comunicação descobriram que setenta por cento da nossa comunicação é não-verbal. Nesse sentido, a linguagem corporal se torna muito importante: tenhamos consciência ou não, todos os nossos movimentos, gestos e expressões faciais dizem alguma coisa a nosso respeito. As palavras ditas constituem apenas trinta por cento do ato comunicativo.

É importante saber comunicar-se eficazmente no local de trabalho – dizer o que precisa ser dito com clareza para que você não seja mal compreendido. Ao mesmo tempo, é preciso saber ouvir e entender o que outras pessoas dizem. Nossa mente está quase sempre tão ocupada com nossos próprios pensamentos e idéias que talvez lhe seja difícil estar presente e simplesmente ouvir. O Reiki pode ajudá-lo a manter a mente centrada e relaxada e a ter mais clareza.

Dar ou receber Reiki de um colega possibilita que vocês se relacionem em muitos níveis diferentes, não apenas no nível intelectual. O toque de cura amoroso – comunicação sem palavras – permite que vocês compartilhem algo especial e pode abrir outra dimensão em seus relacionamentos profissionais. Essa é uma experiência valiosa que pode ajudá-los a se aproximar como seres humanos, a compreender mais um ao outro e, portanto, a desenvolver relações de trabalho melhores e mais produtivas.

Limpeza da Mente: Autotratamento

As posições do autotratamento para a cabeça (pp. 18-9) são boas para limpar a mente quando você se sente tomado de pensamentos, idéias e problemas e não tem condições de definir prioridades satisfatoriamente. As posições à direita, porém, podem ser especialmente propícias para um melhor funcionamento de suas faculdades mentais.

1 Quando se defrontar com um desafio mental importante no trabalho, como fazer a apresentação de um negócio, coordenar uma discussão de grupo ou desenvolver um novo projeto desde o começo, prepare-se alguns minutos antes posicionando as mãos na Posição da Cabeça 2 (p. 18).

2 Em seguida, coloque as mãos na Posição da Cabeça 4. Essas posições ativam a memória de curto e longo prazo (p. 19).

2 Posicione as mãos sobre a região lombar, no nível dos quadris, para que toda ela fique impregnada pela energia Reiki.

3 Posicione as mãos em ambos os lados da base da coluna, sobre a área do sacro – com os dedos de uma das mãos apontando para as pernas e os da outra para a cabeça. Essas duas posições e a anterior aliviam dores ciáticas e lombares, fortalecem a linfa e os nervos e favorecem a criatividade e a sexualidade.

4 Termine o tratamento colocando uma das mãos sobre o cóccix e a outra sobre a região cervical, no pescoço, para equilibrar a energia que flui ao longo da espinha.

Sugestão: Não havendo ninguém que possa aplicar-lhe esse tratamento, faça um autotratamento usando as Posições Dorsais 3 e 4 (p. 21).

Dor no Pescoço e nos Ombros: Reiki e Massagem

A tensão nos músculos do pescoço e dos ombros é geralmente causada por *stress*, postura inadequada (especialmente se você fica sentado na frente de uma escrivaninha ou do computador todo o dia), falta de exercícios e desequilíbrios no fígado e na vesícula biliar. A sensação de estar sobrecarregado de responsabilidades também provoca dores nessas regiões.

Esta combinação de massagem e Reiki alivia tensões no pescoço, na cabeça e nos ombros e harmoniza energias no corpo. O tempo total de tratamento é de aproximadamente quinze a vinte minutos. O receptor pode ficar de pé ou sentado, o que for mais confortável, desde que o doador possa alcançar facilmente o pescoço e os ombros.

1 Posicione uma das mãos na testa e a outra sobre a medula oblonga. Mantenha a posição em torno de três minutos para aliviar as sensações de exaustão e *stress*.

2 Massageie as laterais da garganta e a nuca durante alguns minutos. Aplique um toque suave, fazendo movimentos circulares, com a ponta dos dedos. Continue com a massagem na medula oblonga, estimulando o receptor a suspirar durante a expiração para liberar tensões retidas no corpo. Em seguida, massageie a parte alta dos ombros, verificando com o receptor se a pressão está adequada.

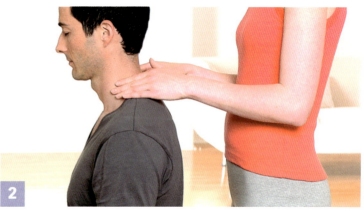

PARA EVITAR O *STRESS* **69**

3 Posicione a base das palmas nos lados direito e esquerdo da região superior da coluna, com as mãos seguindo a curva natural dos ombros. Deixe a energia Reiki fluir nessa região durante alguns minutos.

4 Em seguida, massageie em torno das omoplatas, com movimentos circulares dos dedos médio e indicador. Quase todos nós acumulamos muita tensão na área atrás das omoplatas.

5 Para terminar, posicione uma das mãos na parte superior das costas, entre as omoplatas, e a outra no centro do peito; mantenha durante alguns minutos. Essa posição fortalece o sistema imunológico.

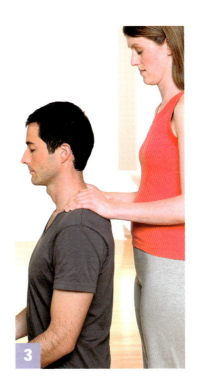
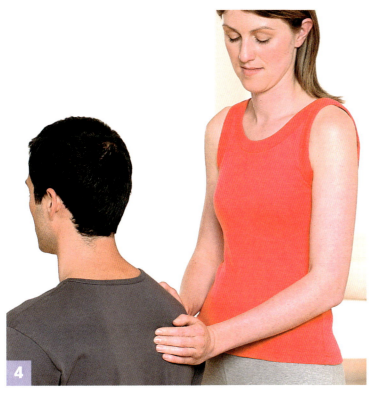

Comunicação

A MAIOR PARTE DA COMUNICAÇÃO de que temos consciência se dá quando falamos e ouvimos uns aos outros – ações do intelecto. No entanto, os pesquisadores da dinâmica da comunicação descobriram que setenta por cento da nossa comunicação é não-verbal. Nesse sentido, a linguagem corporal se torna muito importante: tenhamos consciência ou não, todos os nossos movimentos, gestos e expressões faciais dizem alguma coisa a nosso respeito. As palavras ditas constituem apenas trinta por cento do ato comunicativo.

É importante saber comunicar-se eficazmente no local de trabalho – dizer o que precisa ser dito com clareza para que você não seja mal compreendido. Ao mesmo tempo, é preciso saber ouvir e entender o que outras pessoas dizem. Nossa mente está quase sempre tão ocupada com nossos próprios pensamentos e idéias que talvez lhe seja difícil estar presente e simplesmente ouvir. O Reiki pode ajudá-lo a manter a mente centrada e relaxada e a ter mais clareza.

Dar ou receber Reiki de um colega possibilita que vocês se relacionem em muitos níveis diferentes, não apenas no nível intelectual. O toque de cura amoroso – comunicação sem palavras – permite que vocês compartilhem algo especial e pode abrir outra dimensão em seus relacionamentos profissionais. Essa é uma experiência valiosa que pode ajudá-los a se aproximar como seres humanos, a compreender mais um ao outro e, portanto, a desenvolver relações de trabalho melhores e mais produtivas.

Limpeza da Mente: Autotratamento

As posições do autotratamento para a cabeça (pp. 18-9) são boas para limpar a mente quando você se sente tomado de pensamentos, idéias e problemas e não tem condições de definir prioridades satisfatoriamente. As posições à direita, porém, podem ser especialmente propícias para um melhor funcionamento de suas faculdades mentais.

1 Quando se defrontar com um desafio mental importante no trabalho, como fazer a apresentação de um negócio, coordenar uma discussão de grupo ou desenvolver um novo projeto desde o começo, prepare-se alguns minutos antes posicionando as mãos na Posição da Cabeça 2 (p. 18).

2 Em seguida, coloque as mãos na Posição da Cabeça 4. Essas posições ativam a memória de curto e longo prazo (p. 19).

COMUNICAÇÃO 71

"O Reiki está me ajudando a entrar em contato com meu Eu superior — desenvolvendo minhas habilidades de cura e compreensão."

WILLIAM, 25, ALUNO DE REIKI

Círculo de Energia

Quando dizemos que o Reiki é um modo natural e muito eficaz de transferir Energia Vital Universal, queremos também dizer que podemos usá-lo para criar melhores relações com nossos colegas. Por exemplo, podemos pedir-lhes que participem de um "círculo de energia", um exercício que pode ser feito no início ou no fim de uma reunião ou de uma discussão de grupo, para ajudar a todos os participantes a estar mais presentes e atentos. Em princípio, essa prática deve fazer com que os envolvidos tenham melhores condições de expor suas idéias com clareza e tranqüilidade. O círculo de energia geralmente cria laços fortes entre as pessoas que dele participam: cada indivíduo se sente parte do círculo, ligado ao todo maior.

1 Sentem-se formando um círculo, no chão ou em cadeiras. Façam algumas respirações e relaxem os ombros, deixando-os cair um pouco mais com cada expiração.

2 Em seguida, cada participante dá as mãos aos colegas que estão ao seu lado: a direita com a palma virada para baixo — "dando" energia à pessoa à direita — e a esquerda com a palma voltada para cima — "recebendo" energia do colega à esquerda. Os braços ficam soltos e descontraídos o tempo todo.

3 Cada integrante do círculo mantém a consciência de que a energia que recebe pela palma esquerda flui pelo braço esquerdo e chega à área do peito e do chakra do coração (quarto centro de energia) antes de descer pelo braço direito e sair pela palma direita para fluir para a mão do colega à direita. Assim vocês criam um círculo de energia juntos.

4 Observe possíveis sensações nas mãos enquanto dá e recebe essa energia amorosa, de cura, e tenha consciência do vínculo que existe entre os integrantes do círculo.

3 Para limpar ainda mais a mente acalmando os nervos, coloque uma das mãos no plexo solar (terceiro chakra) e a outra na testa (sexto chakra). Essa posição equilibra possíveis excessos de energia na cabeça, dirigindo-a da cabeça para a região do plexo solar, e dissipa sentimentos de medo.

Centramento no Hara: Autotratamento

"Hara" é a palavra japonesa para o chakra do sacro, que é o centro de energia mais conhecido na tradição oriental. É no ponto do hara, localizado 5 centímetros abaixo do umbigo, que recebemos a energia vital proveniente do cosmos, e por isso é um centro de energia muito importante. Faça este exercício sempre que se sentir um pouco fora do seu centro – por exemplo, caso se sinta nervoso ao assumir uma nova tarefa no trabalho ou preocupado por causa de uma reunião importante com seu chefe ou colegas. Alternativamente, pratique-o no intervalo do almoço ou ainda antes de começar ou depois de terminar as atividades do dia; ele lhe proporcionará uma sensação agradável de calma e autoconfiança nas relações com os outros. Dedique-lhe de vinte a trinta minutos.

1 Sente-se numa posição confortável, com a coluna ereta. Se se sentar numa cadeira, mantenha os dois pés firmemente apoiados no chão e não se encoste no espaldar. Feche os olhos e descanse as mãos sobre as coxas, com as palmas para cima.

2 Visualize uma linha desde o ponto do hara até o chakra do terceiro olho, entre as sobrancelhas. Coloque uma das mãos sobre o hara para manter a atenção nesse ponto.

3 Comece a movimentar o tronco em círculo, no sentido anti-horário, por dez a quinze minutos. Durante o movimento, mantenha o tronco numa linha reta desde o ponto do hara até o chakra do terceiro olho.

4 Diminua o movimento aos poucos, até parar totalmente. Descanse durante cerca de cinco minutos em posição ereta, concentrando-se na energia no hara.

5 Para terminar, deite-se de costas de cinco a dez minutos, com os braços e pernas um pouco abertos, as palmas viradas para baixo, a boca ligeiramente aberta e a mandíbula relaxada.

Sugestão: Se quiser, ouça uma música suave durante a meditação para favorecer o relaxamento (p. 144).

COMUNICAÇÃO 73

Para Repor as Energias: Autotratamento

Todos gastamos muita energia para realizar as nossas atividades diárias, especialmente quando somos muito exigidos no trabalho ou temos uma agenda sempre lotada. Este rápido tratamento de Reiki repõe a nossa energia pessoal rapidamente, revigorando o corpo, a mente e as emoções. Ele é muito eficaz depois do almoço ou no fim da tarde, quando podemos sentir-nos exauridos. O tempo total do exercício é de aproximadamente dez a quinze minutos.

1 Sente-se ou deite-se confortavelmente, feche os olhos e relaxe.

2 Coloque as mãos sobre os olhos, apoiando as palmas nos ossos malares. O relaxamento dos olhos produz o relaxamento de todo o corpo.

3 Posicione uma das mãos sobre o plexo solar e a outra logo abaixo dele, tocando o estômago para recuperar a energia e a vitalidade.

Sugestão: Você pode aplicar as mesmas posições de mãos para tratar outra pessoa se ela se sente esgotada e precisa recuperar as forças.

Satisfação no trabalho

MUITAS PESSOAS – mesmo quando desempenham tarefas de que normalmente gostam – sentem-se insatisfeitas com o trabalho, o que pode levar a sentimentos de frustração e baixa auto-estima. Naturalmente, haverá ocasiões em que uma mudança de função ou de emprego será necessária, ou em que uma situação relacionada com uma determinada pessoa ou tarefa precisa ser enfrentada diretamente para que a mudança ocorra. É importante reconhecer, porém, que o problema muitas vezes não está tanto no que você faz, mas no modo como encara o seu trabalho.

O Reiki pode ajudá-lo a estar mais presente nas suas atividades diárias, a relaxá-lo e a livrá-lo de muitas tensões que muitas vezes, e desnecessariamente, associa a elas. Isso pode mudar radicalmente o modo como você vê o seu papel e assim aumentar sua satisfação com o que faz.

Autotratamento de Reiki
Um tratamento completo de Reiki algumas vezes por semana aumenta significativamente a sua capacidade de manter-se relaxado diante de uma situação difícil. Ver pp. 18-21 para outras orientações sobre posições.

1 As cinco Posições da Cabeça (pp. 18-9) acalmam seus pensamentos e o põem em contato com qualidades positivas, como confiança, segurança e intuição.

2 A Posição Frontal 1 transforma a negatividade e aumenta a capacidade de desfrutar a vida.

3 A Posição Frontal 2 reduz sentimentos de medo e frustração.

4 A Posição Frontal 3 ajuda a aumentar a autoconfiança.

5 A Posição Frontal 4 ajuda a construir uma base sólida e a eliminar o medo.

6 A Posição Dorsal 1 libera emoções bloqueadas e ajuda a enfrentar problemas relacionados com a responsabilidade.

7 A Posição Dorsal 2 ajuda a aliviar preocupações e depressão. Se você tiver dificuldades para alongar as escápulas, coloque as mãos no peito, como mostra a Posição Frontal 1 (passo 2).

8 A Posição Dorsal 3 reforça a auto-estima e a confiança.

9 A Posição Dorsal 4 promove a criatividade e a confiança e ajuda a construir uma base firme.

"Desde que comecei a praticar o Reiki diariamente, sinto uma grande desobstrução emocional e mental em minha vida. Agora estou mais calma e mais disponível – tanto no trabalho como em casa."

SARAH, 33, PRATICANTE DE REIKI

Autoconfiança, Poder e Calma: Autotratamento

Use as posições ilustradas a seguir quando for especialmente importante você sentir-se seguro e confiante com relação a si mesmo, como no início de um novo projeto ou ao assumir novas responsabilidades no emprego, por exemplo. Aplique-as também simplesmente para alcançar um estado de espírito positivo no início do seu dia de trabalho. Faça esta prática sentado ou deitado, mantendo cada posição em torno de três a cinco minutos.

1 Posicione as mãos sobre o peito, próximas uma da outra (ver Posição Frontal 1, p. 20). Essa posição estimula o centro do coração, que pode transformar emoções negativas, ajudando-nos a aceitar com mais facilidade, em vez de cedermos à derrota ou de nos entregarmos à luta. Ela também fortalece o sistema imunológico e aumenta a capacidade de apreciar a vida.

2 Posicione as mãos sobre a porção inferior da caixa torácica. Essa posição fornece energia, promove o relaxamento e reduz medos e frustração, dando-lhe condições de confiar mais nas situações e de adaptar-se mais facilmente à mudança (ver Posição Frontal 2, p. 20).

3 Posicione as mãos à direita e à esquerda do umbigo, com os dedos se tocando (ver Posição Frontal 3, p. 20). Essa posição equilibra emoções fortes, como o medo, a depressão e a frustração, além de aumentar a autoconfiança.

4 Posicione as mãos sobre a região lombar, no nível da cintura, os dedos apontando para a coluna (ver Posição Dorsal 3, p. 21). Essa posição fortalece as glândulas adrenais, os rins e os nervos, alivia o *stress* e reforça a auto-estima e a confiança. É provável que agora você se sinta mais calmo e tranqüilo.

Sugestão: As mesmas posições podem ser usadas para tratar outra pessoa que esteja muito preocupada ou sem autoconfiança. Se você tiver pouco tempo, faça apenas os Passos 2 e 3. Eles o ajudarão a recuperar as forças, o poder e o auto-respeito.

Entrevista para Emprego

Você pode usar a técnica do Tratamento a Distância – geralmente ensinada no Segundo Nível – para enviar pensamentos positivos e energia de cura a uma pessoa, situação específica, tema ou problema que está longe ou que se situa no futuro. Por exemplo, você pode enviar energia positiva a uma situação que você deverá enfrentar no futuro próximo, como uma entrevista para um novo emprego.

Os praticantes do Segundo Nível usam o Terceiro Símbolo do Reiki (p. 8) para transmitir a energia de cura, como "sobre uma ponte de luz", para a pessoa ou situação distantes. Os símbolos e os mantras correspondentes se comportam como as ondas de rádio e os sinais de televisão – invisíveis ao olho humano. No entanto, principiantes de Reiki também podem usar uma versão dessa técnica sem os símbolos e mantras (ver quadro abaixo). Reserve em torno de quinze minutos para o tratamento e tome todas as providências para não ser perturbado.

Principiantes de Reiki *podem praticar o Tratamento a Distância apenas visualizando e enviando pensamentos amorosos e energia positiva à situação desejada através das mãos levantadas. O efeito não será tão intenso como se ele fosse aplicado por praticantes do Segundo Nível, mas ainda assim vale a pena realizá-lo.*

1 Feche os olhos e cubra-os com a palma das mãos para entrar em sintonia consigo mesmo. Essa posição estimula o centro do terceiro olho, aguça a intuição e favorece pensamentos claros.

2 Pense na situação a que você quer enviar a cura – nesse caso, o cenário da sua entrevista para emprego. Visualize-a da forma mais específica e positiva possível.

3 Dê um título à situação, com uma frase que lhe seja pertinente; por exemplo, "Entrevista para emprego com (nome do entrevistador e o seu), em (data), em (local)".

4 Eleve as duas mãos e desenhe o Terceiro Símbolo do Reiki sobre a visualização ou seu título. Em seguida, desenhe o Primeiro Símbolo do Reiki sobre o Terceiro Símbolo para dar mais força ao processo. Diga os mantras de ambos os símbolos três vezes, mantendo as mãos elevadas e deixando que a energia de cura flua de ambas as palmas para a imagem.

5 Imagine-se agora no ambiente da entrevista para emprego. Visualize todas as qualidades positivas que você quer revelar: como você quer parecer autoconfiante, descontraído, ágil nas respostas, inteligente, perspicaz e assim por diante. Depois dessa

SATISFAÇÃO NO TRABALHO **79**

visualização diga: "Pelo bem maior de todos os envolvidos." Essa expressão deixa a critério da existência determinar o que possa significar "bem maior" para você e para todos os envolvidos.

6 No fim, visualize uma cor envolvendo toda a situação, como se ela estivesse dentro de um balão rosado ou dourado. Libere o balão para que ele possa elevar-se no céu aberto. Quando libera essa imagem, você libera toda a situação, aceitando que conseguirá o emprego se ele estiver reservado para você.

7 Conclua agradecendo à energia de cura do Reiki por essas bênçãos. Esfregue as mãos para desfazer a conexão com os símbolos do Reiki.

ESTUDO DE CASO

Andrew tinha uma entrevista para emprego, sabendo que quase sempre fica nervoso em situações sob pressão. Sua preocupação era que o nervosismo o impedisse de apresentar um bom desempenho. Ele então pediu a um grupo de amigos que enviasse um Reiki a Distância para ele e para a situação, visualizando-o numa luz positiva e alcançando um resultado favorável. Depois da entrevista, Andrew revelou que nunca havia se sentido tão calmo e confiante durante um compromisso como esse. Ele acabou conseguindo o emprego.

Capítulo 4
Tempo Livre

"Guardai o melhor de vós mesmos para vosso amigo. Se ele deve conhecer o refluxo de vossa maré, que conheça também o fluxo. Pois quem é vosso amigo para que o procureis apenas para matar o tempo? Procurai-o sempre com horas para viver... E na doçura da amizade, que haja risos e o partilhar de prazeres. Pois no orvalho de pequenas coisas, o coração encontra a sua manhã e se sente refrescado."

KAHLIL GIBRAN, *O PROFETA*, 1923

ENCONTRAR – E CRIAR – TEMPO E ESPAÇO para relaxar seu corpo, sua mente e suas emoções é essencial para revitalizar suas energias e manter-se saudável. Todavia, apenas ficar assistindo à TV toda noite ou fim de semana livre não é a melhor maneira de relaxar realmente, pois a televisão bombardeia seus sentidos e lhe impõe muitas expectativas da sociedade. É mais benéfico e proveitoso emocionalmente passar o tempo sozinho ou com outros, aprofundando suas relações com você mesmo ou com os que estão à sua volta. Por exemplo, você pode começar o seu fim de semana tomando um banho, ao cair da tarde, com óleos calmantes que relaxem os músculos e liberem as tensões do corpo. Depois pode passar algum tempo com os amigos e a família, brincando com os filhos no

parque ou passeando na mata. Reserve um pouco de tempo também para você mesmo – para ler um bom livro ou meditar, por exemplo.

Também é recomendável praticar alguns exercícios moderados durante seus momentos de lazer; os exercícios eliminam toxinas do corpo e liberam energias que ficaram bloqueadas pelo acúmulo de tensões da vida. Às vezes, você precisa dessa atividade física para exaurir toda a sua energia antes de conseguir relaxar. Por exemplo, pela manhã, antes de começar as tarefas do dia, você pode fazer alguns exercícios de alongamento e yoga para energizar o corpo. Atividades externas, como correr, andar de bicicleta, caminhar em ritmo acelerado ou simplesmente passear com um amigo, são boas maneiras de praticar exercícios físicos e também de obter os benefícios do contato com a natureza, o que pode ser especialmente proveitoso e calmante para a mente, o corpo e a alma.

Descobrir o melhor modo de harmonizar e de ocupar o seu tempo livre é uma das etapas a ser cumprida para que você se torne consciente e sensível ao que realmente precisa e que é bom para você em todos os níveis – físico, emocional e mental. O Reiki ajuda-o a desenvolver essa consciência das suas necessidades mais profundas e é um modo ideal de reservar algum tempo para si próprio, possibilitando-lhe assim apreciar e valorizar realmente a si mesmo. É também um modo ideal de você tornar mais plena a vida dos seus familiares e amigos quando eles estão livres de compromissos.

Este capítulo está dividido em cinco subseções. Elas têm o objetivo de ajudá-lo a avaliar que exercícios ou tratamentos podem trazer-lhe mais benefícios num determinado tempo – *Exercícios e esportes* (pp. 82-3), *Em sintonia consigo mesmo* (pp. 84-7), *Em sintonia com os amigos* (pp. 88-9), *Em sintonia com a natureza* (pp. 90-1) e *Relaxamento* (pp. 92-5).

Exercícios e esportes

O **NOSSO ESTILO DE VIDA MODERNO** e os compromissos profissionais praticamente nos obrigam a passar o dia sentados a uma escrivaninha ou num carro e a não fazer exercícios para manter-nos saudáveis. Isso é uma lástima, visto que o corpo físico – e especialmente o coração – gosta de exercícios e movimento; o nosso corpo é feito para o movimento. Cada sistema do corpo – desde o circulatório e o linfático até o muscular, os ossos e os órgãos – tem um desempenho melhor quando nos movimentamos e exercitamos regularmente. Por isso, para manter-nos saudáveis e em boas condições físicas, precisamos atender a essa necessidade de movimento. O coração adora a vitalidade do pulsar e do bombear e libera as tensões do corpo quando praticamos exercícios na quantidade adequada. Também a respiração se fortalece à medida que inspiramos mais oxigênio para eliminar as toxinas. Com efeito, pesquisadores descobriram que exercícios moderados estimulam a produção de enzimas protetoras das células do corpo. Mesmo pequenas coisas – como rir, dançar ou caminhar até o centro da cidade para fazer compras – ajudam a nossa energia a manter-se em movimento e preservam a nossa saúde. Assim, toda prática ativa que possamos realizar no nosso tempo livre nos trará imediatamente benefícios óbvios.

O Reiki certamente não substitui exercícios físicos, esportes ou passatempos. No entanto, autotratamentos regulares (pp. 18-21) podem inspirar-nos a sair de casa e a participar de alguma coisa mais ativa, em vez de simplesmente ficarmos sentados no conforto do sofá acionando o controle remoto.

Reiki durante Exercícios: Autotratamento

Você pode recorrer ao Reiki para equilibrar suas energias e manter-se energizado durante atividades como corridas, caminhadas, yoga, sessões de alongamento, aeróbica, tênis e assim por diante.

1 Quando se sentir cansado durante a prática de exercícios físicos, use a Posição da Cabeça 1, com as mãos sobre os olhos, para centrar-se.

2 Em seguida, faça a Posição Frontal 2, com as mãos sobre o plexo solar, para reenergizar-se.

Sugestão: Se você se sentir ofegante ao correr, coloque as mãos no meio do peito enquanto corre para acalmar a energia nessa região e ajudar os pulmões.

EXERCÍCIOS E ESPORTES 83

Reiki durante o Yoga: Autotratamento

Alguns professores de yoga incluem posições de Reiki durante a prática; o resultado é um relaxamento mais profundo por parte dos alunos. Entrar em sintonia com a Energia Vital Universal durante o yoga também aprofunda o efeito revitalizador das posturas praticadas. Se você fizer yoga em casa, inclua algumas posições de Reiki na etapa de relaxamento, no final, quando já está deitado de costas.

1 Aplique a Posição da Cabeça 1, com as mãos sobre os olhos, para relaxar.

2 Aplique a Posição Frontal 1, com as mãos sobre o peito, para fortalecer o coração e os pulmões.

3 Aplique a Posição Frontal 2, com as mãos sobre o plexo solar, para receber mais poder e força.

4 Aplique a Posição Frontal 3, com as mãos sobre o estômago, para facilitar a digestão.

Em sintonia consigo mesmo

É IMPORTANTE USAR O TEMPO LIVRE para realmente relaxar e recuperar as energias depois de um trabalho quase sempre frenético e de todas as pressões da vida. Com auto-aplicações de Reiki nos momentos de folga podemos conhecer-nos melhor e descobrir o que é melhor para nós.

Como o Reiki equilibra as nossas energias, podemos usá-lo para acalmar-nos, esquecer os acontecimentos da semana e entrar em sintonia com a nossa verdadeira natureza – nosso "ser interior". Estando em contato com esse "ser interior", saberemos intuitivamente o que é melhor para nós em todas as esferas da vida. Com abertura e disposição para ouvir atentamente, receberemos orientações da fonte da nossa sabedoria interior.

> *"Pelo ir e vir e pelo equilíbrio da vida, a natureza essencial que ilumina a existência é o Um Adorável. Que todos os seres percebam pelo intelecto sutil e meditativo o brilho da iluminação."*
>
> **MANTRA GAYATRI**

Onze Etapas da Cura Interior – com o Mantra Gayatri: Autotratamento

Este autotratamento lhe possibilita entrar em sintonia consigo mesmo e curar-se num nível profundo. Mantenha as mãos em cada posição em torno de cinco minutos, reservando assim cerca de cinquenta minutos para todo o tratamento. Se quiser, coloque uma música de fundo suave e relaxante. Alternativamente, faça uma meditação de cura dirigida ouvindo o Mantra Gayatri (p. 144).

A freqüência sonora do antigo Mantra Gayatri – que é de origem desconhecida – purifica o ambiente que nos envolve. A audição do mantra aquieta o sistema nervoso e a sua prática sincera – seja cantando ou ouvindo – purifica pensamentos e emoções e produz uma sensação de paz interior e clareza.

1 Deite-se de costas, com os braços estendidos ao longo do corpo; respire profundamente.

2 Posicione as mãos sobre os olhos, com os dedos unidos. Recite o Mantra Gayatri em voz alta, várias vezes. Não se preocupe com a pronúncia correta do sânscrito; apenas mantenha uma intenção positiva firme:
*Ohm bhur bhuvah svah
tat savitur varenyam
bhargo devasya dhimahi
dhiyo yonah prachodayat*

3 Terminada a recitação do mantra, coloque as mãos no meio do peito e sinta uma sensação de paz surgir em seu coração. Abra-se ao amor e à alegria, fortalecendo assim o coração e o sistema imunológico.

4 Posicione as palmas unidas sobre as costelas inferiores e a linha da cintura no lado direito do corpo. Essa posição equilibra emoções, como a raiva e a depressão.

5 Em seguida, posicione as palmas unidas no lado esquerdo do corpo para tratar distúrbios digestivos e estabilizar o sistema imunológico.

6 Depois posicione uma das mãos sobre o umbigo e a outra logo abaixo dele. Relaxe essa área, sentindo o fluxo da energia de cura percorrendo todo o seu corpo.

7 Homens e mulheres usam posições das mãos um pouco diferentes nesta etapa e na próxima:
Mulheres: cobrem os seios com as mãos e entram em sintonia com o pólo de energia positiva no chakra do coração.
Homens: posicionam as mãos no meio do peito e entram em sintonia com a energia feminina interior.

8 Mulheres: colocam as mãos sobre o osso pubiano, formando um V, e entram em sintonia com a energia masculina interior (p. 20).
Homens: colocam as mãos na virilha, prestando atenção à energia positiva no chakra da raiz, na região pélvica (p. 15).

9 Coloque a mão direita sobre a testa e a esquerda logo abaixo do umbigo; uma sensação de paz flui desse ponto para todo o corpo.

10 Posicione as mãos em concha embaixo da cabeça, segurando-a como uma bola e apoiando as mãos na almofada. Libere todos os pensamentos e tensões para que a mente se aquiete.

11 Estenda os braços ao lado do corpo. Relaxe completamente durante alguns minutos. Depois, movimente lentamente os dedos das mãos e dos pés e alongue calmamente o corpo antes de voltar ao estado de consciência normal.

Rodopio: Autotratamento

O rodopio é uma das técnicas mais antigas praticadas pelos místicos sufis. Ela consiste em girar sobre o próprio eixo, permanecendo no mesmo lugar. Esse giro libera a tensão, a negatividade e as energias bloqueadas no corpo. É comum as crianças brincarem assim por passatempo.

É recomendável fazer este exercício de estômago vazio. Você pode praticá-lo no início do dia para restabelecer e revitalizar sua energia. Sinta a energia fluir como ondas quentes desde o coração, descer pelos braços e chegar às mãos. A técnica é benéfica também antes de ir para a cama: ela produz um sono tranqüilo, pois dissipa as preocupações presentes no seu sistema.

1 Fique de pé, descalço ou com meias.

2 Erga os braços para os lados, até a altura dos ombros, palmas voltadas para cima. Ou então levante um braço, palma para cima, e baixe o outro, palma para baixo, unindo desse modo o céu e a terra.

3 Comece a girar lentamente, na direção que preferir; aumente a velocidade aos poucos. Solte o corpo e mantenha os olhos abertos.

4 Durante o giro, olhe para a mão erguida e concentre-se num dos dedos para não sentir tontura. Nas primeiras vezes, gire durante dois ou três minutos. Mais adiante, aumente para cinco, dez ou mesmo quinze minutos.

5 Quando quiser parar, reduza a velocidade, cruze os braços sobre o peito e relaxe a cabeça. Essa posição ajuda a centrar a energia e não o deixa ficar tonto depois de parar. Mantenha a posição por pelo menos trinta segundos.

6 Depois de parar, deite-se de bruços, feche os olhos e sinta o corpo misturando-se com a superfície embaixo de você. Fique assim de cinco a quinze minutos; se fizer o rodopio à noite, você pode adormecer nessa posição.

Sugestão: Uma música suave ajuda a relaxar ainda mais durante o rodopio.

Riso: Autotratamento

O riso é o melhor remédio para o coração. O riso altera a química do seu corpo e influencia suas ondas cerebrais e os seus pensamentos. Além disso, quando você ri, o ritmo da sua respiração muda, fazendo com que o coração e o corpo liberem as tensões. O riso alto o põe em contato com a sua criança interior, e então você se sente jovem, vibrante e novamente pleno de vida e alegria.

Em alguns mosteiros zen, os monges começam e terminam o dia com a meditação do riso. Essa meditação confere uma qualidade melhor ao dia deles, permitindo-lhes ver as situações com olhos mais divertidos. Dar uma boa risada de si mesmo e de muitas situações com que você depara cria um espaço entre você e os seus problemas. Comece a prestar atenção em situações e experiências do seu dia que possam fazê-lo rir.

Essa meditação ajudá-lo-á a rir sem motivo nenhum logo ao acordar pela manhã. Os benefícios serão ainda maiores se você fizer o exercício durante cinco a dez minutos todos os dias. Mantenha os olhos abertos ou fechados, como preferir.

1 Ao acordar pela manhã, comece por espreguiçar-se.

2 Depois de um minuto ou dois, comece a rir. No início, talvez seja preciso você fazer de conta: simplesmente levante os cantos da boca e ria, mesmo sem ter disposição. Em pouco tempo, porém, o riso se tornará verdadeiro e espontâneo.

3 Se quiser, movimente o corpo para estimular o riso, por exemplo, jogando as pernas para o alto ou rolando-se na cama – qualquer coisa que o instigue e o faça sentir-se bem.

Sugestão: Você pode fazer essa meditação no momento do dia que preferir. Se a fizer com amigos, vocês podem desencadear o riso fazendo cócegas uns nos outros ou contando alguma piada, mas lembrem-se de não envolver-se em demasia com a ação externa. Cada um deve ficar com seu próprio riso e socorrer-se do outro apenas para sentir-se estimulado a rir.

Em sintonia com os amigos

As pessoas passam boa parte do seu tempo livre com os amigos e a família, por isso é importante transformar esse tempo em momentos emocionalmente prazerosos. Afinal, não queremos apenas passar o tempo com outros; queremos passar momentos agradáveis com eles.

Quando nos comunicamos por meio da fala, mal-entendidos são sempre possíveis. O Reiki, por outro lado, não precisa de palavras. Ele é um canal de comunicação não-verbal que pode criar intimidade entre doador e receptor – um modo físico mas não-intrusivo de relacionar-se com outra pessoa num nível mais profundo. Com o Reiki, entramos em sintonia com o outro e seguimos a nossa intuição com relação ao ponto onde posicionar as mãos e durante quanto tempo. A troca de Reiki com amigos e entre amigos enriquece os nossos relacionamentos.

"A cura sempre acontece a partir do coração – trata-se de um espaço de amor e aceitação que dividimos com os outros."

TANMAYA HONERVOGT

Reiki Sanduíche

Este tratamento é realizado num grupo de três pessoas. Uma das três se senta no meio e é tratada simultaneamente por dois doadores, que se sentam atrás e na frente do receptor. Antes de iniciar, um dos doadores faz o alisamento da aura, num movimento desde o alto da cabeça até o chão. Em seguida, os doadores posicionam intuitivamente as mãos em diferentes áreas do corpo. No fim da sessão, a aura é alisada novamente. Então outra pessoa passa a ser o receptor, até que os três recebam o tratamento. Cada tratamento tem uma duração de vinte minutos aproximadamente.

Reiki em Grupo

Num tratamento em grupo, a força do Reiki flui com muito mais intensidade. O receptor deita-se e recebe Reiki de todos os demais membros do grupo. Os grupos podem variar desde três até em torno de sete pessoas; cada participante recebe Reiki durante cerca de dez minutos na frente do corpo e outros dez minutos nas costas.

É uma experiência muito especial dar e receber Reiki num grupo com tantas pessoas, pois muitas posições de mãos são aplicadas ao mesmo tempo e a energia é muito mais forte. Um doador pode tratar os joelhos e a sola dos pés, as quais têm os pontos reflexológicos relacionados com todo o corpo e seus órgãos.

EM SINTONIA COM OS AMIGOS

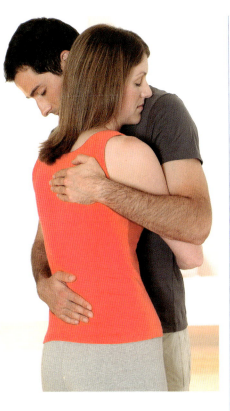

Dar e Receber
Este exercício é um modo de você e alguém que lhe é próximo trocarem energia positiva silenciosamente. Ele pode ser uma experiência muito enriquecedora e prazerosa. Reservem de cinco a dez minutos para realizá-lo. Se preferirem, podem pôr uma música de fundo relaxante.

1 Fiquem de pé ou sentem-se um diante do outro, olhando-se nos olhos, suavemente.

2 Posicionem as mãos à frente, com a palma direita voltada para baixo e a esquerda para cima. Aproximem então as mãos, de modo que a direita de um se sobreponha e toque a esquerda do outro. Sintam o fluxo de energia que passa pelas mãos, mantenha os olhos abertos e olhem gentilmente um para o outro.

3 Imagine que você está recebendo energia do seu parceiro no seu chakra do coração cada vez que inspira e que está dando ao parceiro energia do seu plexo solar em cada expiração. Assim vocês criam um círculo energético de dar e receber entre vocês. Essa energia pode fluir num movimento circular ou na forma de um número oito deitado.

Abraço de Reiki
O "abraço de Reiki" é uma boa maneira de agradecer a uma pessoa que lhe deu um tratamento de Reiki ou de simplesmente relacionar-se com um amigo num nível mais profundo, pois ele possibilita uma troca de energias de coração a coração. Aproximem-se um do outro de modo que o lado esquerdo do peito de um toque o lado esquerdo do peito do outro. Assim, a energia flui mais livremente. Fiquem nesse abraço relaxante o tempo que quiserem. As mãos podem descansar no alto das costas ou na região lombar da outra pessoa – onde cada um se sente mais confortável.

Em sintonia com a natureza

Passar parte do seu tempo livre fora de casa – seja relaxando no jardim, lendo um bom livro no parque local, nadando num lago, caminhando na mata ou galgando uma colina – ajudá-lo-á a conectar-se com suas raízes terrenas e com seus instintos, a entrar em sintonia com seu lado intuitivo e criativo e a aprofundar o contato com quem você realmente é.

Separar-nos um pouco de toda a superficialidade produzida por tantos aparelhos mecânicos com que convivemos diariamente e livrar-nos das restrições físicas de paredes artificiais pode ser uma experiência profundamente libertadora. Nada de *stress* e pressões externas; apenas ter liberdade para correr livres, respirar ar fresco e viver cada momento plenamente junto à Mãe Natureza.

Você pode fazer alguns exercícios de Reiki para intensificar essa comunhão com a natureza e esse contato com seu verdadeiro eu interior. Muitos outros exercícios também podem aumentar sua consciência dos benefícios que você obtém – para a mente, o corpo e a alma – por passar o maior tempo possível ao ar livre, sendo receptivo à natureza e sentindo-se realmente vivo.

Em comunhão com uma Árvore: Autotratamento

Estando num jardim, parque ou floresta, aproxime-se de uma árvore que o atraia de modo especial, qualquer que seja, pelo motivo que for. Cada árvore tem uma vibração diferente, e você pode se sentir atraído pela energia leve e delicada da bétula ou pela solidez e resistência do carvalho centenário. A prática desse exercício purificará seus chakras e revitalizará todos os seus sistemas.

1 Recoste-se na árvore. Ponha uma das mãos no plexo solar e a outra nas costas, na mesma altura da primeira, com a palma tocando a árvore. Feche os olhos e entre em sintonia com a energia da árvore.

2 Visualize-se puxando energia da terra, das raízes da árvore. Imagine essa energia entrando no seu corpo pela sola dos pés ao inalar. Dirija essa energia para o alto da cabeça, e mais além, até o topo da árvore.

3 Na expiração, visualize a energia descendo da árvore, entrando no seu corpo pelo topo da cabeça e fluindo pelas pernas e pés de volta à terra.

> ### Alternativa
> Em vez de recostar-se, você pode ficar de frente para a árvore. Toque-a com as duas mãos ou então abrace-a, o que lhe for mais confortável. Confunda-se com a árvore nesse abraço.

EM SINTONIA COM A NATUREZA **91**

Relaxamento

Muitas pessoas têm dificuldade para relaxar completamente, o que é uma lástima, considerando-se a importância do relaxamento para uma vida feliz e saudável. O relaxamento não pode ser forçado. Ele acontece por si mesmo – como o botão de uma flor que desabrocha. Em momentos de relaxamento, você simplesmente está aí, descansando em sua energia: a mente se aquieta e os pensamentos – e portanto a energia – não se projetam para o futuro nem se voltam para o passado. É como se o momento bastasse a si mesmo; não se pede que alguma coisa seja diferente nem se deseja algo que não se tem. Assim, o relaxamento é uma transformação: a sua energia deixa de ser orientada para o objetivo e passa para um estado de existência no momento presente. Muitas vezes nos enganamos acreditando que relaxaremos quando alcançarmos o nosso objetivo. Esse tipo de energia pode dominar a nossa vida, pois sempre há alguma outra coisa que achamos que "devemos" alcançar – e assim nunca "desligamos" naturalmente; por conseqüência, não relaxamos. Técnicas de relaxamento e práticas de meditação são, por isso, muito proveitosas para introduzir momentos de quietude na sua vida. O Reiki é um desses recursos que podem ajudá-lo a relaxar mais. O fluxo da energia Reiki relaxa o corpo e a mente e, ao mesmo tempo, revitaliza e rejuvenesce todo o corpo.

2

3

Para Aumentar o Bem-estar: Autotratamento

Sempre que se sentir tenso, cansado ou preocupado, tire algum tempo para relaxar e entrar em contato consigo mesmo. Este tratamento fará com que você se sinta reanimado, calmo e energizado. Mantenha as mãos em cada posição entre dois e cinco minutos, reservando em torno de vinte minutos para todo o tratamento. Ouça uma música de fundo suave e relaxante, se preferir. Como alternativa, você pode fazer uma versão dirigida deste tratamento (p. 144).

1 Sente-se numa cadeira ou deite-se de costas, feche os olhos e relaxe. Respire profundamente algumas vezes; na fase de expiração, sinta seu corpo confundir-se cada vez mais com a superfície que o sustenta.

2 Posicione as mãos sobre os olhos, apoiando as palmas nos ossos malares, com os dedos unidos. O relaxamento dos olhos leva ao relaxamento de todo o corpo.

3 Coloque as mãos em ambos os lados da cabeça, acima das orelhas, com a base das palmas tocando as têmporas. Essa posição harmoniza os dois lados do cérebro, tem um efeito calmante sobre a mente consciente e reduz a depressão.

4 Desloque as mãos para a parte posterior da cabeça, dedos apontando para cima. Essa posição ajuda a acalmar emoções fortes, como medo, preocupação, ansiedade e choque.

5 Posicione as mãos em cada lado da parte superior do peito, os dedos se tocando logo abaixo da clavícula. Essa posição ajuda a repelir emoções negativas quando você se sente fraco ou deprimido. Ela também aumenta sua capacidade de amar e de usufruir a vida.

6 Para terminar, alongue suavemente todo o corpo durante alguns momentos, antes de voltar lentamente à sua consciência normal.

Reiki Antes de Dormir: Autotratamento

Este tratamento acalma o corpo, a mente e a alma antes de você dormir e também harmoniza todos os chakras. Se você pegar no sono durante o tratamento, não se preocupe – simplesmente termine-o na manhã seguinte. Mantenha as mãos em cada posição de três a cinco minutos. Ponha uma música de fundo suave e relaxante, se preferir. Alternativamente, você pode fazer uma versão dirigida dessa técnica de cura (p. 144).

1 Posicione as mãos sobre os olhos, apoiando as palmas nos ossos malares. Essa posição o põe em contato com sua intuição.

2 Posicione as mãos no meio do peito, a sede do chakra do coração. Essa posição fortalece o sistema imunológico e aumenta sua capacidade de amar e de apreciar a vida.

3 Coloque uma das mãos sobre o plexo solar e a outra logo abaixo da primeira, tocando o estômago; relaxe profundamente essa região; sinta a energia fluindo em todo seu corpo.

4 Posicione as mãos sobre o baixo-ventre, formando um V, com as pontas dos dedos tocando-se sobre o osso pubiano. Essa posição lhe dá uma base firme e o estimula a confiar mais na vida, o que favorece o sono.

Sugestão: Este exercício pode ser feito sempre que você tiver necessidade de se sentir mais calmo e tranqüilo.

"Durante os tratamentos de Reiki, eu me sinto muito tranqüila e aproveito realmente o relaxamento completo."

LISA, 43, ALUNA DE REIKI

1

RELAXAMENTO **9 5**

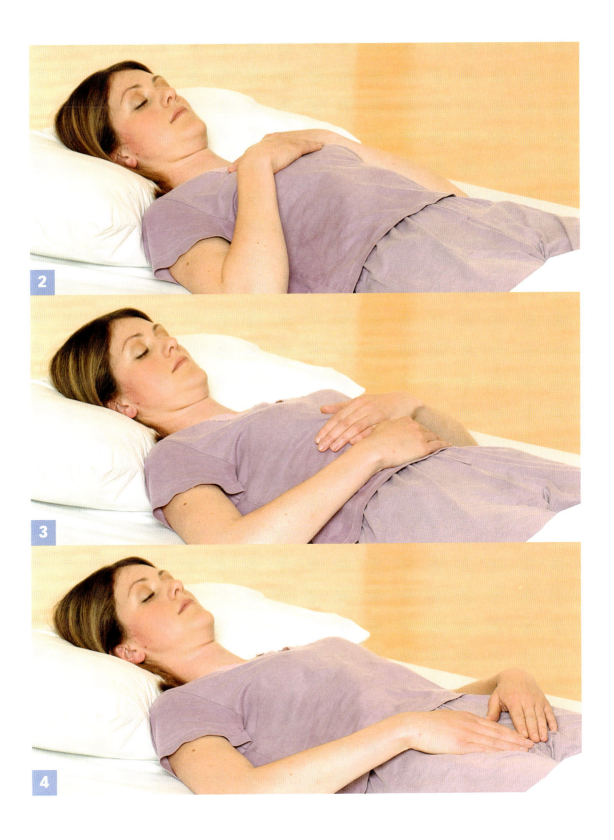

Capítulo 5
Saúde e Bem-estar

"Se pudésseis manter vosso coração no encantamento dos milagres diários de vossa vida, vossa dor não vos pareceria menos maravilhosa que vossa alegria. E aceitaríeis as estações de vosso coração, como sempre aceitastes as estações que passam sobre vossos campos. E observaríeis com serenidade os invernos de vossa angústia. Grande parte de vosso sofrimento é escolha vossa. É a poção amarga com que o médico que está em vós cura vosso eu doente."

KAHLIL GIBRAN, *O PROFETA*, 1923

COMPREENDER AS RELAÇÕES entre doença, cura e saúde é uma das chaves para a saúde, a felicidade e a harmonia na vida. Cada pessoa é um "todo", constituída de corpo, mente e alma. A saúde de cada pessoa "toda" tem dois aspectos profundamente interdependentes – o físico e o espiritual. O físico é a parte terrena, material – a manifestação externa da alma; o espiritual é a alma.

Toda doença é um sinal indicativo de que o corpo não está mais operando como um todo: a harmonia e o equilíbrio foram perdidos. Em geral, a doença ocorre antes na mente e só mais tarde se manifesta como sintoma físico. Como toda doença quer transmitir-nos uma mensagem específica, é fundamental que reconheçamos e aceitemos essa mensagem. Se conseguirmos percebê-la no início, é pouco provável que um desequilíbrio afete a esfera física. Se, porém, não ouvirmos e compreendermos as mensagens iniciais, o corpo encontrará uma linguagem mais direta e visível, como desconforto ou dor. Por exemplo, quando somos obrigados a ir a um evento social, mas preferiríamos passar uma noite sossegados em casa, ou quando nos forçamos a trabalhar mesmo nos sentindo muito cansados, o corpo pode muito bem encontrar seu próprio modo de resguardar-nos, pegando um resfriado ou contraindo uma dor de cabeça ou uma enxaqueca. Em casos graves, ele pode inclusive criar uma úlcera ou sucumbir a um ataque cardíaco. Por isso, devemos ouvir os sinais sutis do corpo.

Precisamos amar, respeitar e cuidar do nosso corpo para manter-nos saudáveis física e emocionalmente. Se o negligenciarmos, não conseguiremos encontrar a harmonia interior e o bem-estar. Também devemos desenvolver uma sensação e consciência do nosso corpo, e de nós mesmos, para poder reconhecer nossas reais necessidades. Na sociedade de hoje, vivemos tanto "na mente", que em geral não temos percepção das nossas sensações físicas, mas o corpo e suas sensações instintivas sempre nos reconduzem à nossa fonte de energia e nos fazem sentir verdadeiramente vivos. Quando estamos vivos, e cheios de alegria e energia, todo distúrbio físico tem muito menos probabilidade de criar raízes e de se transformar numa doença totalmente desenvolvida.

O Reiki age em todos os níveis – físico, mental, emocional e espiritual – para evitar e tratar todos os tipos de doenças. Ele renova nossas energias, que normalmente se desgastam nas atividades diárias, e fortalece o nosso sistema imunológico. Ele pode ajudar em muitas doenças – agudas e crônicas – e é aplicável paralelamente a

qualquer outro tratamento. Muitos terapeutas recorrem a ele para suplementar e intensificar seu trabalho, seja acupuntura, quiropraxia, massagem, homeopatia, terapia craniossacral, aromaterapia ou reflexologia. O Reiki também pode complementar tratamentos médicos tradicionais, pois purifica o corpo de toxinas e reforça a capacidade do corpo de curar a si mesmo.

Às vezes, as pessoas se apegam subconscientemente a condições doentias. Embora queiram, conscientemente, livrar-se da doença, subconscientemente podem integrá-la à sua identidade, quando então relutam em desapegar-se dela. Tratamentos de Reiki podem ajudar o doente a compreender as causas subjacentes do seu sofrimento e assim a transformar padrões negativos em positivos, em padrões de cura.

Este capítulo se divide em seções relacionadas com cinco dos principais fatores responsáveis pela manutenção tanto do bem-estar físico quanto emocional: *Alimentação saudável* (pp. 98-9), *Fortalecimento da energia do coração* (pp. 100-03), *Como lidar com a doença* (pp. 104-11), *Aceitação* (pp. 112-13) e *Calma* (pp. 114-17). Esses títulos devem ajudá-lo a descobrir quais tratamentos de Reiki e exercícios são mais apropriados para você ou seus amigos e familiares num momento de necessidade.

Alimentação saudável

São muitas as pessoas no mundo agitado de hoje que sofrem de desequilíbrios dietéticos. Os sanduíches, refrigerantes, doces, pão branco, batatas fritas, derivados do leite, carne vermelha e enlatados que consumimos simplesmente não nos fornecem a quantidade equilibrada de nutrientes de que o nosso corpo precisa para se manter saudável. Quando o desequilíbrio se manifesta, os primeiros sinais que normalmente encontramos são energia baixa, digestão inadequada, dores, sobrepeso e confusão mental. Se os ignorarmos, porém, em pouco tempo esses sintomas podem se transformar em problemas de saúde mais sérios.

Os pesquisadores descobriram que uma alimentação saudável e a absorção dos melhores nutrientes ajudam a evitar muitos problemas, em primeiro lugar. Mesmo doenças graves, como diabetes, câncer e distúrbios cardíacos, podem, em certos casos, ter relação direta com a dieta. Por isso, uma boa dieta, acompanhada de exercícios moderados, é a fórmula não só para manter um peso ideal, mas também para preservar a boa saúde e o bem-estar.

O Reiki desenvolve a nossa intuição e nos ajuda a estar mais atentos ao que o nosso corpo realmente precisa e não precisa – em termos de alimentação – para manter-se ou tornar-se saudável. Ele é também um meio de que dispomos para enviar energia positiva ao alimento que ingerimos, tornando-o ainda mais nutritivo – para o corpo e para a alma. Precisamos assumir responsabilidade pela nossa saúde e proceder às mudanças dietéticas necessárias se queremos manter-nos em boas condições de saúde.

Jejum com Reiki

O jejum é um antigo método de desintoxicação que deixa o corpo físico mais livre e leve. Realizado em conjunto com a meditação, ele promove também a purificação espiritual. Ao jejuar ingerimos uma quantidade limitada de alimentos ao longo de vários dias.

Essa prática favorece o tratamento de várias doenças, mas deve sempre ser feita sob a orientação de um nutricionista. Converse com seu médico caso você tenha algum problema de saúde mais sério.

O Reiki é um apoio muito eficaz ao jejum, pois abranda alguns efeitos colaterais desagradáveis ao acelerar a eliminação de toxinas iniciada pelo jejum. Como a energia Reiki fortalece o sistema imunológico, que não está sendo "alimentado" como de costume, é recomendável aplicar-se um tratamento completo (pp. 18-21) todos os dias pelo período de duração do jejum.

Energização do Alimento

Você pode enriquecer, purificar e energizar de modo muito simples o alimento de que vai servir-se posicionando as mãos sobre ou em torno do prato por trinta a sessenta segundos e passando energia positiva aos ingredientes. Praticantes do Segundo Nível podem desenhar o Primeiro Símbolo do Reiki sobre o alimento. A força do Reiki assim liberada aumenta o valor nutritivo dos alimentos impregnando-os de energia e intenção positivas.

ALIMENTAÇÃO SAUDÁVEL

Distúrbios Alimentares: Autotratamento

A causa subjacente de muitos distúrbios alimentares, como anorexia e bulimia, é em grande parte emocional. Se possível, aplique a quem sofre desses distúrbios um tratamento completo todos os dias (pp. 12-7) para desenvolver nele resistência interior e aprofundar o seu senso de segurança e autoconfiança. Se você tem algum problema desse tipo, aplique-se um autotratamento diariamente (pp. 18-21). Tanto num caso como no outro, é recomendável manter as posições ilustradas à direita por um período de tempo um pouco maior.

Se oportuno, use a técnica do Mental Healing (p. 24) para descobrir os verdadeiros motivos que estão por trás do seu distúrbio alimentar. As posições para o autotratamento são as seguintes:

ESTUDO DE CASO

Susan fazia terapia porque tinha a tendência de compensar o stress do trabalho comendo muito. Sempre que deixava de confiar em si, começava a comer demais. Depois de apenas quatro tratamentos de Reiki, ela passou a se sentir mais calma e mais em contato com o próprio corpo. Hoje ela percebe melhor suas necessidades e sabe o que lhe faz bem ou não. O Reiki integrou alguma coisa para ela e a conseqüência é que ela se sente mais saudável fisicamente e mais lúcida mentalmente.

1 Posição da Cabeça 2 (p. 18).

2 Posição da Cabeça 4 (p. 19).

3 Posição Frontal 3, com as mãos em ambos os lados do umbigo (p. 20).

4 Posição Dorsal 3, com as mãos sobre os rins (p. 21).

"O Reiki me ajudou a reencontrar-me, a entrar novamente em contato com meu eu verdadeiro."

BETTINA, 30, PROFESSORA

Fortalecimento da energia do coração

Nos dias atuais, é incalculável o número de pessoas que vivem um estilo de vida em que estão sempre excessivamente ocupadas e constantemente sob pressão – no trabalho e em casa. Como conseqüência, elas se sentem irrequietas e impacientes consigo mesmas e com os que convivem com elas. Esse conjunto de circunstâncias normalmente afeta a nossa saúde física, de modo especial o coração.

Contrariamente à crença popular, é o coração, não a mente, a nossa fonte primeira de sabedoria e compreensão. O coração dispõe de um espaço enorme onde podemos encontrar paz, amor e alegria a qualquer momento, sem necessidade de nenhum motivo em particular.

É quando pode relaxar e pulsar no seu ritmo que o coração está mais saudável e satisfeito. Quanto mais você conhece a si mesmo e está em contato com o seu coração, mais você consegue observar os acontecimentos de sua vida com calma e serenidade. E quando vê todos os desafios e experiências da vida como uma dádiva, você encontra a força interior e a coragem de agir a partir de um espaço de paz e aceitação em qualquer situação, o que enriquece extraordinariamente toda a sua vida.

Para Relaxar o Coração
Técnica do Suspiro: Autotratamento

Este exercício simples, mas de grande eficácia, ajuda-o a liberar bloqueios e tensões do coração. Ele é especialmente proveitoso em situações de grande preocupação ou em que você se sente presa de uma determinada emoção que teima em atormentá-lo. O ato de suspirar é um modo muito fácil de aliviar a pressão do coração e de eliminar preocupações, medos ou qualquer outra coisa a que você esteja preso. A energia negativa dissipa-se enquanto você expira.

1 Inspire profundamente; ao expirar, com a boca aberta, relaxe a mandíbula e produza um som de suspiro profundo. Repita o procedimento algumas vezes, relaxando totalmente com cada expiração.

2 Enquanto suspira, posicione as mãos sobre os olhos para entrar mais facilmente em contato consigo mesmo.

3 Além disso, visualize algum acontecimento ou evoque um pensamento ou sentimento do passado a que você ainda esteja apegado e que preocupe sua mente; convide-o a afastar-se de você com a expiração. Apenas exale-o num nível mental.

4 Coloque ambas as mãos sobre o peito. Preste atenção ao coração e procure perceber se você se sente um pouco diferente – um pouco mais leve ou mais livre, por exemplo.

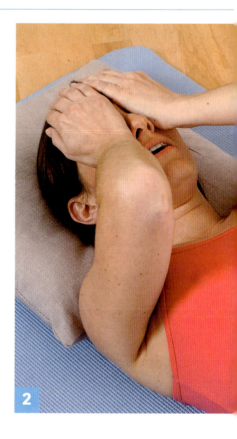

Falando com seu Coração: Autotratamento

Este exercício ajuda-o a entrar em contato com seus sentimentos mais profundos e é uma boa maneira de liberar as preocupações e tensões do dia antes de ir para a cama. O coração conhece intuitivamente as suas necessidades; pergunte a ele a respeito de tudo o que pesa sobre você ou para o que você precisa de uma solução. Apenas falar com o coração, como a um velho amigo de confiança, pode ser uma experiência profundamente curativa.

1 Sente-se ou deite-se em silêncio, relaxe e aplique Reiki aos olhos. Ao mesmo tempo, concentre a atenção no coração. Se sentir algum peso ou aperto nesse órgão, suspire para ficar aliviado.

2 Aprofunde o contato com o coração, posicionando as mãos no meio do peito, onde se localiza o quarto chakra.

3 Em seguida, comece a falar com o seu coração como se ele fosse um velho amigo. Faça-lhe perguntas, se quiser, como "você está bem?", "Posso fazer alguma coisa por você?", e espere para receber uma resposta.

Para Proteger o Coração: Autotratamento

A medicina chinesa tem como fundamento o sistema dos chamados meridianos. Os meridianos são canais de energia que abastecem os órgãos, e na verdade todo o corpo, com energia vital. As artes de cura chinesas, como acupuntura e acupressura, envolvem a estimulação de vários pontos ao longo desses meridianos para ativar a energia de certos órgãos ou sistemas do corpo. Por exemplo, se você tem problemas com o coração – seja de ordem física ou emocional, ou ambas – você pode usar os pontos de pressão chamados "Shenmen" e "Shaochong" no meridiano do coração para liberar tensões nessa área.

Ponto de acupuntura: "Shenmen"

1 Posicione a mão esquerda à sua frente, palma voltada para dentro; coloque o polegar da mão direita na pequena reentrância logo abaixo da base da palma esquerda. Aplique uma pequena pressão nesse ponto.

2 Dobre a mão esquerda na direção do corpo e de volta à posição neutra, mantendo o polegar direito sobre o ponto indicado. Faça esse movimento de dez a quinze vezes. Talvez você sinta um pequeno formigamento; esse é um sinal positivo que indica que a energia bloqueada está em movimento.

3 Repita todo o processo na outra mão. O tratamento desses pontos relaxa o meridiano do coração e libera a energia bloqueada em seu trajeto, de modo que os batimentos cardíacos podem voltar à normalidade.

FORTALECIMENTO DA ENERGIA DO CORAÇÃO

Ponto de acupuntura: "Shaochong"
1 Segure o dedo mínimo da mão esquerda – palma para baixo – com os dedos indicador e polegar da mão direita, girando-o e pressionando-o por alguns momentos com a força que puder. O ponto de pressão aqui – o canto externo inferior da unha do dedo mínimo – é o último ponto de todo o meridiano do coração, que começa na axila. A estimulação desse ponto alimenta e equilibra a energia do coração, de modo que se você sentir desconforto considerável ou mesmo um pouco de dor durante a pressão, é sinal de que existe um bloqueio de energia.

2 Em seguida, aplique pressão nos mesmos pontos em todos os outros dedos para estimular e equilibrar a energia de todo o corpo. A ponta do dedo médio tem ligação com o pericárdio – o tecido que envolve o coração; a pressão nesse ponto fortalece a função do coração.

3 Repita todo o processo com os dedos da mão direita. Se você girar e pressionar os dedos, conforme descrito, todos os dias, em pouco tempo perceberá que a sensação de desconforto terá desaparecido, indicação de que agora a energia flui mais livremente pelos meridianos. Se não tiver tempo para tratar todos os dedos, trate apenas o mínimo e o médio.

Sugestão: Se você precisar tirar sangue, peça ao seu médico que não o tire do dedo médio. Segundo a medicina chinesa, tirar sangue do dedo médio enfraquece o coração.

Como lidar com a doença

O Reiki serve de apoio ao tratamento de distúrbios tanto crônicos como agudos, fortalecendo o corpo, estabilizando o sistema imunológico e, em muitos casos, aliviando a dor. A recomendação é começar com um tratamento diário durante um mínimo de quatro dias para que a energia de cura se acumule e, conseqüentemente, acelere o processo de cura.

Comece falando com o receptor sobre os sintomas que ele sente e explicando que a energia de cura do Reiki se ajusta ao que ele precisa. Faça-o saber que reações de cura, como urgência de ir ao banheiro, fome ou sede, sensações de frio ou calor, dor de cabeça ou mesmo um aumento inicial da dor, podem ocorrer depois das primeiras sessões. Essas reações são inerentes ao processo de cura, em que a "energia tóxica" do corpo precisa alcançar um certo pico antes de ser eliminada. Alguns receptores podem também manifestar uma forte reação emocional. É sinal de que o corpo está liberando energia bloqueada e emoções reprimidas. Apenas continue os tratamentos normalmente até que a sensação de equilíbrio se restabeleça. Recomenda-se um mínimo de seis a doze sessões.

Em casos de dor extrema, é aconselhável aplicar breves tratamentos de Reiki a intervalos freqüentes à área do corpo afetada – por exemplo, vinte minutos, duas vezes por dia. Ao dar Reiki depois de choques e lesões, como ossos quebrados e queimaduras, lembre-se de que a dor pode piorar inicialmente antes de começar a diminuir.

Zumbido nos Ouvidos: Tratamento

Atualmente, em geral nossos sentidos ficam sobrecarregados com múltiplos estímulos. A tecnologia está se desenvolvendo com tanta rapidez, que ainda não conhecemos bem todos os efeitos de longo prazo que os aparelhos que usamos, como telefones celulares, podem ter sobre o corpo humano. Um número cada vez maior de pessoas jovens tem problemas de ouvido e sofre de zumbido nos ouvidos, um distúrbio desagradável associado à velhice. Os que sofrem desse mal sentem um ruído quase permanente nos ouvidos, que pode variar de fraco a extremamente forte, como o ronco de um avião, nos casos mais graves. A aplicação desse breve tratamento duas vezes ao dia pode produzir grande alívio. Mantenha cada posição de cinco a dez minutos.

1 Posição da Cabeça 3 (p. 19).

2 Posição Frontal 1 (p. 20).

3 Trate os ouvidos diretamente, colocando o dedo mínimo de cada mão na entrada de cada ouvido.

4 Posicione as palmas atrás das orelhas do receptor, com os polegares acima e um pouco à frente das orelhas.

Sugestão: Se dispuser de tempo, combine esse conjunto de posições de mãos com um tratamento completo (pp. 12-7).

COMO LIDAR COM A DOENÇA

> **ESTUDO DE CASO**
>
> *Anna, de 74 anos, procurou um tratamento de Reiki depois de sofrer de zumbido nos ouvidos durante quatorze anos. Após receber uma série de quatro sessões, ela começou a sentir uma diminuição do ruído, e após mais quatro tratamentos o zumbido desapareceu totalmente durante o dia e às vezes também à noite. Ela então resolveu aprender Reiki e hoje se auto-aplica pelo menos um tratamento completo todos os dias. Em oito semanas de autotratamentos o zumbido nos ouvidos desapareceu completamente.*

Dor nos Ombros e nos Braços

Além de aliviar dores nos ombros e nos braços, este tratamento pode ser eficaz em caso de problemas ósseos e na reativação da circulação. O tempo recomendado para cada posição é de cinco minutos aproximadamente; por isso reserve de vinte a trinta minutos para o tratamento inteiro.

1 Peça ao receptor que se deite de bruços, virando a cabeça para o lado.

2 Posicione as mãos sobre o ombro direito do receptor, uma junto à outra, a base das palmas tocando a coluna e a ponta dos dedos tocando o músculo do ombro.

3 Posicione as palmas sobre o ombro esquerdo, uma junto à outra, como no passo anterior, mas agora apoiando a base no músculo do ombro e os dedos apontando para a coluna.

4 Peça ao receptor que se vire e deite-se de costas. Coloque as mãos sobre o ponto de articulação de cada ombro, os dedos apontando para baixo, tocando o braço do receptor.

Sugestão: Se o receptor sentir dor no braço, ponha uma das mãos no ombro e a outra no cotovelo. Se ele sentir dor nas mãos, coloque uma das mãos no ombro e a outra no pulso.

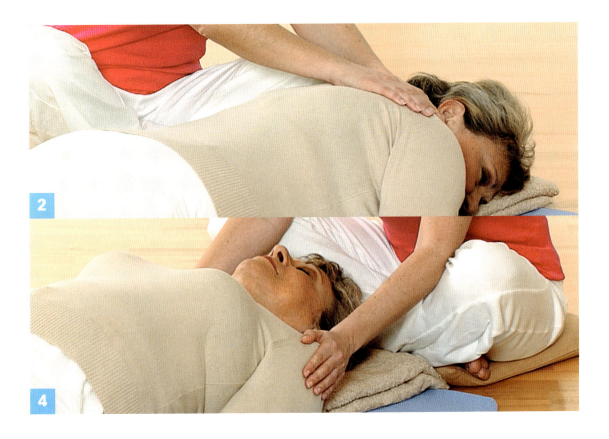

Dor no Pescoço e nas Costas

Este tratamento é excelente para dores nas costas ou no pescoço, depois de uma distensão, por exemplo, e é eficaz também para "ossos doloridos" e dores do crescimento. As causas emocionais da dor na região superior das costas e no pescoço podem incluir a retenção de emoções e a sobrecarga de responsabilidades. A porção intermediária das costas retém sentimentos reprimidos, como culpa, preocupação e dificuldade de receber. E dor na porção inferior das costas em geral está associada à falta de apoio emocional, à escassez e a dificuldades com a expressão sexual. É recomendável manter cada posição de três a cinco minutos, o que significa que você precisará em torno de trinta minutos para o tratamento inteiro.

1 Peça ao receptor que se deite de bruços.

2 Posicione uma das mãos na nuca e a outra sobre a primeira vértebra.

3 Posicione as palmas, unidas, sobre o ombro esquerdo, com a base sobre o músculo do ombro e os dedos apontando para a coluna.

4 Desloque as mãos para o ombro direito, agora com a base das palmas sobre a coluna e os dedos apontando para o músculo do ombro.

5 Repita os Passos 3 e 4, a cada vez posicionando as mãos a cerca de dez centímetros (aproximadamente a largura da mão) abaixo da posição anterior, até tratar as costas por inteiro.

6 Posicione uma das mãos horizontalmente sobre o sacro e a outra sobre o cóccix, em ângulo reto com a primeira, formando um T. Essa posição faz a energia subir pela espinha.

7 Por fim, mantenha uma das mãos sobre o cóccix e coloque a outra no alto do pescoço. Mantenha as mãos nessa posição até sentir que o fluxo de energia é igual em ambas.

COMO LIDAR COM A DOENÇA **107**

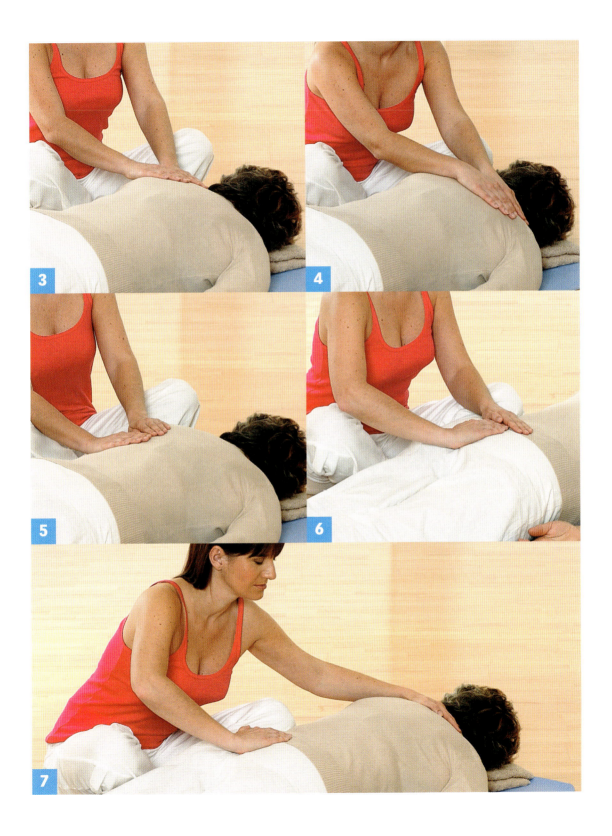

108 SAÚDE E BEM-ESTAR

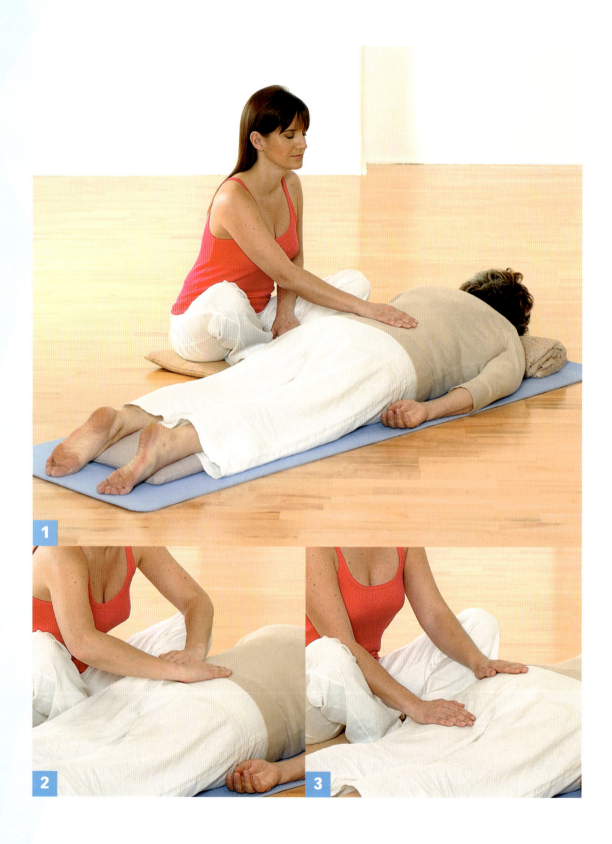

1

2

3

Dor Ciática

O nervo ciático começa no nível da cintura, nos dois lados da coluna, e desce passando pelas nádegas e pelas pernas. A ciática geralmente se manifesta quando algum ponto ao longo desse nervo fica envolvido por músculos vizinhos. A dor pode ser forte e às vezes acompanhada por um formigamento ou entorpecimento nas pernas. No entanto, fatores emocionais, como retenção de emoções e sentir-se sem apoio na vida, também podem contribuir para a sua ocorrência.

É especialmente eficaz tratar a dor ciática com Reiki em conjunto com tratamento quiroprático, mas o Reiki por si só também reduz a dor consideravelmente. Mantenha cada posição de três a cinco minutos, de modo que o tempo total de tratamento será de vinte a trinta minutos.

1 Peça à pessoa que se deite de bruços; posicione então uma das mãos sobre a coluna, no nível da cintura.

2 Posicione uma das mãos sobre o osso sacro, com os dedos apontando para baixo, e a outra ao lado da primeira, com os dedos apontando para cima.

3 Posicione uma das mãos diretamente sobre a nádega do lado mais dolorido, ou sobre o sacro, e desloque a outra – pela distância correspondente a cerca de dez centímetros – descendo pela perna do mesmo lado, até chegar ao joelho.

4 Mantenha uma das mãos no joelho e, com a outra, desça pela perna, até o calcanhar – tendo sempre como parâmetro a distância de cerca de dez centímetros, ou da largura da mão.

5 Coloque uma das mãos na sola do pé e a outra logo abaixo do joelho.

6 Trate em seguida a perna do lado menos dolorido, seguindo o mesmo procedimento, para equilibrar as energias do corpo.

ESTUDO DE CASO

Yvonne, de 34 anos, estava com uma hérnia de disco na região lombar, uma lesão que já durava dois anos, e ciática, tendo inclusive ocorrências de amortecimento na perna direita. Depois de receber Reiki, a rigidez e a dor na perna desapareceram. A cada tratamento ela sentia mais a sensação retornando à perna e ela própria se percebia mais cheia de vigor e energia.

Desintoxicação e Distúrbios Digestivos

Este tratamento é eficaz em casos de desintoxicação e de problemas digestivos e metabólicos por atuar sobre os rins, as glândulas adrenais, o fígado, a vesícula biliar e os órgãos digestivos, como o duodeno, o baço, o pâncreas, o estômago e os intestinos. Ele também equilibra emoções, como a raiva, a depressão, o medo, o choque e a retomada da consciência depois de emergências e acidentes. Mantenha as mãos em cada posição por cerca de cinco minutos. O tempo total do tratamento, será de quarenta a cinqüenta minutos.

1 Peça ao receptor que se deite de costas, confortavelmente. Use um travesseiro ou almofada sob a cabeça, os joelhos e/ou região lombar, se necessário.

2 Peça ao receptor que feche os olhos e faça três ou quatro respirações profundas, suspirando em cada expiração para eliminar tensões do corpo. Enquanto isso, segure os pés e entre em sintonia com o ritmo da respiração dele.

3 Em seguida, coloque-se no lado esquerdo do receptor e alise a aura movimentando as mãos, um pouco acima do corpo, desde a cabeça até os pés. Repita esse movimento três vezes, pois ele exerce um efeito relaxante sobre o receptor.

4 Na seqüência, coloque as mãos na Posição Frontal 2 (p. 14), uma das mãos sobre as costelas inferiores no lado direito e a outra imediatamente abaixo, no nível da cintura. Essa posição ajuda em casos de hepatite, cálculos biliares e distúrbios metabólicos.

5 Use a Posição Frontal 3 (p. 14), posicionando as mãos nas costelas inferiores do lado esquerdo e na cintura. Essa posição é eficaz em casos de diabetes, infecções, anemia e leucemia. Também ajuda a estabilizar o

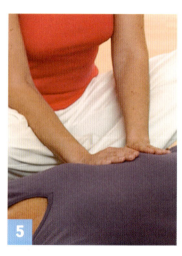

sistema imunológico em pacientes com AIDS e câncer.

6 Continue com a Posição Frontal 4 (p. 15), com uma das mãos acima e outra abaixo do umbigo. Essa posição trata distúrbios intestinais, náusea, indigestão e sentimentos inflados.

7 Em seguida, posicione-se no lado direito do receptor; coloque a mão esquerda embaixo das costas dele, no nível da cintura, onde se localizam os rins. Ao mesmo tempo, coloque a mão direito sobre a porção inferior da caixa torácica. Essa posição ajuda a equilibrar os rins, o que a torna especialmente eficaz para tratar alergias, como febre do feno, e dores lombares.

8 Volte ao lado esquerdo do receptor; posicione a mão direita embaixo das costas e a esquerda sobre a porção inferior da caixa torácica, no nível da cintura.

9 Posicione a mão esquerda sobre a área do baço, no lado inferior esquerdo da caixa torácica, e a direita sobre a glândula timo, abaixo da clavícula. Essa posição estimula o sistema imunológico e ajuda em caso de doenças auto-imunes.

10 Aplique a Posição Frontal 1 – Posição em T (p. 14) – para fortificar os sistemas imunológico e linfático.

11 Termine o tratamento alisando novamente a aura do receptor – duas vezes da cabeça aos pés e uma vez dos pés à cabeça. O último movimento para cima pode ser repetido, pois ajuda a pessoa a voltar ao estado de consciência normal com mais facilidade.

Sugestão: Uma música de fundo suave pode ajudar o receptor a relaxar mais facilmente.

"Uma pessoa doente é alguém que simplesmente desenvolveu bloqueios entre ela própria e o todo, e assim alguma coisa ficou desconectada."

OSHO

Aceitação

A ACEITAÇÃO NASCE DE UMA PROFUNDA CONFIANÇA na vida. Quando aceitamos os acontecimentos como eles se manifestam, seja o que for que ocorra, nós nos libertamos das restrições dos nossos gostos e aversões. Temos facilidade em aceitar e receber bem os acontecimentos agradáveis da vida, mas é grande a nossa dificuldade em aceitar os desagradáveis. Afinal, é da natureza humana lutar contra a dor. Entretanto, desenvolver a habilidade de aceitar tanto a dor física como a emocional nos ajuda a aprender com todas as experiências que vivemos.

Quando aprendemos a ver os eventos que ocorrem na nossa vida como uma oportunidade de crescimento interior, deixamos de ser vítimas. Assumimos a responsabilidade por tudo o que acontece e podemos ver que por termos – pelo menos de algum modo – criado nossa própria situação, também temos o poder de mudá-la, se quisermos. Por exemplo, quando passamos pela experiência de uma doença grave, do sofrimento ou da morte de um ente querido, podemos ficar deprimidos, impotentes e incapazes de compreender "por que, por Deus" isso está acontecendo conosco. No entanto, é essencial entregar-nos a uma vontade superior e confiar que essa força conhece o plano divino para a nossa vida e que esse plano é o melhor para nós.

O Reiki pode ajudá-lo a desenvolver essa capacidade de aceitar – primeiro, tornando-o mais consciente do sofrimento subjacente aos seus sentimentos de raiva, frustração, impotência e desamparo e, segundo, ajudando-o a equilibrar e a transformar essas emoções.

Sentimentos de Abandono: Autotratamento

Quando você passa por períodos de total abandono na vida, é salutar aplicar-se um tratamento completo de Reiki todos os dias (pp. 18-21). Fique um pouco mais de tempo nas Posições da Cabeça 2, 4 e 5. A Posição Frontal 3 também é importante, pois ela equilibra e energiza o plexo solar (o chakra do poder); também a Posição Dorsal 3 é importante, visto que acalma as glândulas adrenais e fortalece as funções renais.

Localização da Dor: Autotratamento

Podemos considerar a dor – tanto física como psicológica – como parte do nosso processo de crescimento. Sempre que alguma coisa nos aflige, precisamos reconhecer a sensação e ir fundo nela, em vez de tentar reprimi-la. Todas as feridas precisam ser expostas antes de ter condições de sarar.

Este exercício ajuda-o realmente a focalizar sua dor e a aceitá-la. Aplique a técnica primeiro a uma dor física, como uma dor de cabeça ou cãibra estomacal, antes de aplicá-la a uma dor emocional, como sentimentos de abandono ou de solidão.

1 Sente-se em silêncio; concentre-se totalmente na dor e intensifique a sensação.

2 Localize exatamente a posição da dor; procure "ouvi-la", concentrando-se nela ainda mais intensamente.

3 Torne-se observador e veja a dor começando a retrair-se. Se não perceber uma mudança, visualize a dor encolhendo-se aos olhos da mente, até chegar a um diminuto ponto sensível. Fique apenas com esse ponto.

4 Observe o que acontece com a sensação da dor. Ela pode diminuir ou mesmo desaparecer completamente enquanto você simplesmente a observa e a aceita.

Frustração: Autotratamento

Sentimentos de frustração são uma indicação de que algumas expectativas nossas não foram satisfeitas. Este exercício ajudá-lo-á a deixar de lado expectativas iniciais e, como conseqüência, sentimentos de decepção.

1 Posicione as mãos diretamente no ponto onde você sente a emoção com mais intensidade, seja no coração, na cabeça, no peito, nas costas, no plexo solar, enfim, onde ela possa estar.

2 Aplique a Posição da Cabeça 1 (p. 18).

3 Depois, a Posição da Cabeça 2 (p. 18).

4 Então, a Posição da Cabeça 4 (p. 19).

5 Equilibre a energia entre o coração e a garganta, colocando uma das mãos no chakra do coração – no meio do peito – e a outra em torno da garganta. Essa posição estimula-o a expressar tudo o que o faz sentir-se frustrado.

Sugestão: Em casos de frustração extrema ou contínua, é recomendável aplicar-se um tratamento completo de Reiki (pp. 18-21). Antes de aplicar-se o tratamento, é proveitoso encontrar um lugar retirado onde possa expressar as emoções reprimidas concretamente, batendo numa almofada ou gritando.

Calma

TENDEMOS A AVALIAR TUDO o que acontece na vida e a rotulá-lo como "bom" ou "mau": ou gostamos ou não gostamos do que acontece. Entretanto, se, em vez disso, observarmos os acontecimentos da nossa vida de uma perspectiva mais ampla, chegaremos a uma consciência maior dos ciclos da vida em si, que não são nem bons nem maus. Eles simplesmente pertencem ao processo da vida, como as diferentes estações na natureza e os prodígios do nascimento e da morte; e todos eles oferecem um desafio para que cresçamos e descubramos quem realmente somos.

Tendemos a subestimar o poder das nossas forças mentais e a ignorar o fato de que os nossos pensamentos podem criar a nossa realidade. Se estamos num estado de espírito negativo e temos pensamentos negativos, criamos uma realidade negativa naquele momento, o que atrai sentimentos negativos – preocupações, medos, depressão, culpa, raiva e assim por diante.

A Energia Vital Universal, chamada Reiki, transforma esses sentimentos negativos, de freqüências baixas, em sentimentos positivos, de freqüências altas. Desse modo, o Reiki age exatamente como o amor – a maior força de cura que existe, que cura não somente o corpo, mas também a mente e a alma. O Reiki, portanto, ajuda-nos a aprender a amar e a confiar em nós mesmos, e a relaxar mais profunda e completamente, conectando-nos com o âmago do nosso ser e tornando-nos mais calmos e serenos.

Para Dissipar o Medo: Autotratamento

Este tratamento ajuda-o a eliminar medos que você talvez sinta, estimulando-o a entrar em contato com sentimentos de confiança e alegria. Ele também fortalece o seu sistema nervoso e relaxa as glândulas adrenais. Mantendo cada posição por um mínimo de cinco minutos, o tratamento completo ocupará em torno de quarenta minutos. Também pode ser proveitoso colocar as mãos diretamente sobre o ponto onde você ou o receptor sente o medo mais intensamente. A seqüência das posições é esta:

1 Posição da Cabeça 1 (p. 18).

2 Posição da Cabeça 4 (p. 19).

3 Posição Frontal 1, sobre o peito (p. 20).

4 Posição Frontal 3, em ambos os lados do umbigo (p. 20).

5 Posição Dorsal 3, sobre os rins (p. 21).

6 Posicione uma das mãos sobre a testa e a outra na parte posterior da cabeça.

7 Mantenha a mão na testa e desloque a outra mão para o plexo solar.

1

CALMA 115

Para Dissipar a Preocupação: Autotratamento

Se você tende a se preocupar demais, aplique-se um tratamento completo todos os dias (pp. 18-21); ele fortalecerá sua confiança e sua auto-estima. A seqüência reduzida apresentada a seguir, porém, é ideal para moderar suas preocupações caso você não disponha de tempo para um tratamento completo.

1 Posição da Cabeça 1 (p. 18).

2 Posição da Cabeça 2 (p. 18).

3 Posição Frontal 1, no peito (p. 20).

4 Posição Dorsal 3, sobre os rins (p. 21).

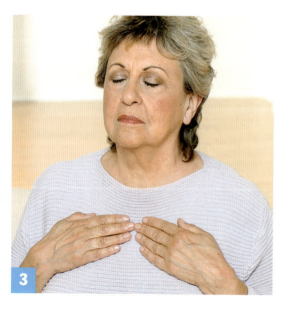

"Quando enfrento um problema, peço a orientação do Universo e do Reiki. Para mim, o Reiki é um santo remédio, pois ele cura tudo."

ANNE, 25, ALUNA DE REIKI

Para Dissipar a Depressão: Autotratamento

Este tratamento ajuda a aliviar os sintomas da depressão, aumentando a produção de endorfinas – os "hormônios da felicidade" do corpo – e promovendo uma sensação de auto-estima e poder interior (ver pp. 18-21 para mais explicações).

1 Posição da Cabeça 2 (p. 18).

2 Posição da Cabeça 4 (p. 19).

3 Posição Frontal 1, no peito (p. 20).

4 Posição Frontal 3, em ambos os lados do umbigo (p. 20).

5 Posição Dorsal 3, sobre os rins (p. 21).

Capítulo 6
Etapas da Vida

"Alguns de vós dizeis, 'A alegria é maior que a tristeza', e outros dizem, 'Não, a tristeza é maior'. Mas eu vos digo, elas são inseparáveis. Vêm sempre juntas: quando uma se senta convosco à mesa, lembrai-vos de que a outra dorme em vossa cama. Em verdade, estais suspensos como os pratos de uma balança entre vossa tristeza e vossa alegria. É somente quando estais vazios que estais imóveis e em equilíbrio."

KAHLIL GIBRAN, *O PROFETA*, 1923

A VIDA É UM MOVIMENTO CONTÍNUO do nascimento à morte: no instante mesmo em que nascemos já iniciamos o processo de envelhecimento. É natural, portanto, que tudo mude continuamente ao longo da nossa vida. Vivemos a experiência de muitas "mortes" e "renascimentos" – por exemplo, quando saímos de casa pela primeira vez para viver por nossa própria conta, quando nasce nosso primeiro filho, quando passamos por fases difíceis da vida, como a puberdade, a menopausa ou uma crise da meia-idade, quando nos separamos de um companheiro, quando nossos filhos nos deixam ou quando alguém que amamos morre... Nada é imutável na vida e os objetos materiais não têm substância permanente.

Todas as perdas e mudanças pelas quais passamos são oportunidades valiosas de crescimento e de treinamento para abandonar velhos hábitos, padrões e processos de pensamento. Diante de um acontecimento inesperado na vida, como perder o emprego, perder o companheiro de uma vida inteira, mudar inesperadamente de residência ou baixar os padrões de vida, via de regra reagimos negativamente. Mas essas emoções negativas são quase como toxinas no corpo, e se não lidarmos com elas de modo criativo, elas podem causar mal-estar e doenças. Por isso, precisamos tomar consciência dos sentimentos negativos e transformá-los em sentimentos positivos – de compreensão, paciência, tolerância, flexibilidade e compaixão – para curar nossas relações tanto com nós mesmos como com os outros. O Reiki pode ajudar nesse processo, tratando as áreas que exigem maior atenção – nos níveis físico, emocional, mental e espiritual – e desse modo transformando nossas respostas ao sofrimento.

O fator fundamental para manter o equilíbrio emocional e a saúde ao longo de todas as etapas conturbadas da vida é aprender a relaxar no momento presente, sem resistir nem lutar constantemente contra o fato de que as coisas mudam. São muitos os momentos na vida em que podemos praticar o distanciamento com relação a objetos, acontecimentos ou pessoas de modo indolor, desapegando-nos deles e relaxando em nossa verdadeira natureza. Os sofrimentos da vida e do amor são todos pontos de apoio para nosso crescimento em direção à libertação do sofrimento.

Todavia, se temos um "deveria" à espreita em algum lugar da nossa mente com relação a esse desapego – por exemplo, que não "deveríamos" ser afetados negativamente pelos acontecimentos – então tudo o que fazemos é construir camadas de negação e repressão. Somente a nossa disposição de sentir a dor e a tristeza, e também a alegria, que se fortalece com nossas experiências é que fornece a base para que realizemos

aquilo que jamais podemos perder – a essência profunda, verdadeira, do nosso próprio ser.
As experiências vêm e vão, mas a nossa essência divina é permanente. O conhecimento verdadeiro de quem somos – chame de consciência, luz, Deus ou verdade – leva à libertação do sofrimento, da confusão, da negatividade e do medo
(ver também "Auto-reconhecimento", p. 36).

Este capítulo está dividido em oito seções que oferecem orientação ao longo das etapas mais desafiadoras da nossa vida: *Adolescência* (pp. 120-21), *Gravidez* (pp. 122-23), *Separação* (pp. 124-25), *Menopausa* (pp. 126-29), *Crise da meia-idade* (pp. 130-33), *Síndrome do ninho vazio* (pp. 134-35), *Luto* (pp. 136-37) e *Transição* (pp. 138-39). A última seção nos ajuda a enfrentar a realidade da nossa própria mortalidade.

Adolescência

A ADOLESCÊNCIA É O PERÍODO DE TRANSIÇÃO durante o qual estamos suspensos entre a infância e a maturidade. É um período difícil, pois tanto o corpo como a psique sofrem mudanças importantes. Durante esse tempo, precisamos deixar para trás a nossa infância e encontrar força e coragem para definir a nossa posição na vida. É como se assumíssemos uma nova identidade: nossos interesses passam dos jogos e brinquedos para os relacionamentos e a sexualidade. Essa pode ser uma fase de muito isolamento e de muita incerteza sobre nossos novos papéis na vida. Além disso, é um estágio em que sentimos uma grande falta de confiança com relação à nossa aparência física. Ficamos desorientados ao ver o corpo passar por mudanças drásticas num período de tempo relativamente curto.

Os anos da adolescência também se caracterizam por um grande desejo de liberdade e de autodeterminação, pois tomamos consciência de que muitas novas possibilidades estão à frente para ser exploradas. Essa descoberta pode produzir atritos nas relações com os pais sob a forma de revolta ou de isolamento emocional.

O Reiki pode ajudar os adolescentes durante a puberdade, aumentando seu senso de autoconfiança e auto-segurança, moderando sentimentos de isolamento e aliviando problemas como dores de crescimento (ver *Dor no Pescoço e nas Costas*, p. 106), alterações de humor e acne. Ele também pode amenizar alterações hormonais, favorecer a desintoxicação do corpo e facilitar o relaxamento em meio a toda conturbação e incerteza.

Tratamento da Acne

O problema de pele conhecido como acne manifesta-se com maior freqüência no rosto, na parte superior das costas e nos ombros. Ela é comum entre os adolescentes, pois está quase sempre relacionada com uma explosão da atividade hormonal, mas pode ser também resultado de muita acidez no sangue causada pelo consumo de quantidades excessivas de alimentos refinados, de derivados do leite e de alimentos ricos em gordura e açúcar, como chocolate e bebidas efervescentes (ver também Alimentação Saudável, pp. 98-9). Em geral, a condição da acne é exacerbada na presença de raiva, medo ou outras emoções fortes reprimidas, pois tudo o que não é expresso pode provocar erupções cutâneas. A aplicação deste tratamento de Reiki a um adolescente pode ajudar a eliminar a acne e a estimular sua autoconfiança. Mantenha as mãos em cada posição durante cinco minutos pelo menos.

1 Posição da Cabeça 1 (p. 12). Essa posição trata alergias e equilibra as glândulas pineal e pituitária, que governam os hormônios no corpo.

2 Posição Frontal 1 (p. 14). Essa posição trata a glândula timo e fortalece o sistema imunológico, ajudando a eliminar do corpo as toxinas que causam a acne.

3 Posições Frontais 2 e 3 (p. 14). Tratam o fígado e a vesícula biliar e promovem a desintoxicação.

4 Posição Frontal 5 (p. 15). Trata os órgãos da reprodução. Não é necessário tocar essa área se o receptor se sentir desconfortável. Nesse caso, mantenha as mãos um pouco acima do corpo.

5 Posicione as mãos sobre a região dos rins, como na Posição Dorsal 3 (p. 16), para tratar alergias e desintoxicar o corpo.

Sugestão: Ao tratar áreas inflamadas na pele, coloque uma gaze sobre a região sensível antes de posicionar as mãos.

ADOLESCÊNCIA **1 2 1**

Angústia e Emoções Reprimidas

A aplicação deste tratamento a um adolescente ajudará a acalmar emoções fortes e sentimentos negativos. As posições indicadas fortalecem o sistema nervoso e relaxam as glândulas adrenais. Mantenha as mãos em cada posição durante um mínimo de cinco minutos.

1 Posições da Cabeça 1, 2 e 4 (pp. 12-3). Essas posições acalmam a mente e as emoções e estimulam um aumento da produção de endorfinas.

2 Posição Frontal 1 (p. 14). Ajuda a liberar sentimentos negativos e favorece o contato com o coração, aumentando a capacidade de amar e de apreciar a vida.

3 Posições Frontais 2 e 3 (p. 14) para acalmar emoções fortes, como medo e frustração, e para aumentar a autoconfiança.

4 Posição Dorsal 3 (p. 16), sobre os rins. Relaxa e fortalece os nervos e revigora a auto-estima e a confiança.

Gravidez

A gravidez é um período muito especial e precioso. É uma dádiva para uma mulher poder levar a vida em seu próprio corpo e entregar um novo ser humano ao mundo. Além de transmitir conforto e segurança à criança em desenvolvimento, o Reiki aplicado durante a gravidez ajuda a futura mãe a entrar em sintonia profunda com o ser vivo dentro dela. Tratamentos de Reiki no início da gravidez aliviam o desconforto das mudanças hormonais e físicas que se processam no corpo e, em fases mais adiantadas, abrandam as preocupações relacionadas com o trabalho de parto.

Se você for uma futura mãe, coloque as mãos sobre a barriga quantas vezes seja possível para aprofundar o vínculo entre você e o seu bebê. (O futuro pai também pode fazer isso, pondo as mãos sobre o ventre materno.) Alguns futuros pais não conseguem conter as lágrimas diante da sublimidade dessa experiência. Você também pode falar com o bebê em seu ventre, em silêncio ou mesmo em voz alta.

> **ESTUDO DE CASO**
> *Catherine estava aplicando um tratamento de Reiki em sua amiga grávida quando sentiu que o bebê havia se aquietado e virado a cabeça na direção da energia. A amiga, que estava no sexto mês de gravidez, se sentiu muito bem e, ao que tudo indica, também o bebê.*

Durante a Gravidez: Autotratamento

No início da gravidez, você pode aplicar-se (pp. 18-21) ou receber (pp. 12-7) um tratamento completo de Reiki, demorando-se mais nas áreas onde sentir maior necessidade.

Este tratamento, porém, é apropriado para todo o período de gravidez e é tão relaxante e calmante que todas as preocupações, ansiedades e medos sobre possíveis complicações relacionadas com o nascimento simplesmente desaparecem.

1 Aplique Reiki diretamente sobre as áreas na barriga onde você mais sente o bebê.

2 Posicione as mãos na área do coração, no meio do peito, para intensificar a sensação de união entre você e o seu bebê.

3 Depois coloque as mãos na região dorsal para aliviar possíveis dores que se manifestem nesse ponto.

Sugestão: Ao aplicar Reiki a uma mulher em estágio avançado de gravidez, é recomendável não prolongar o tratamento por mais de meia hora e concentrar-se principalmente nas áreas em que ela sente mais desconforto.

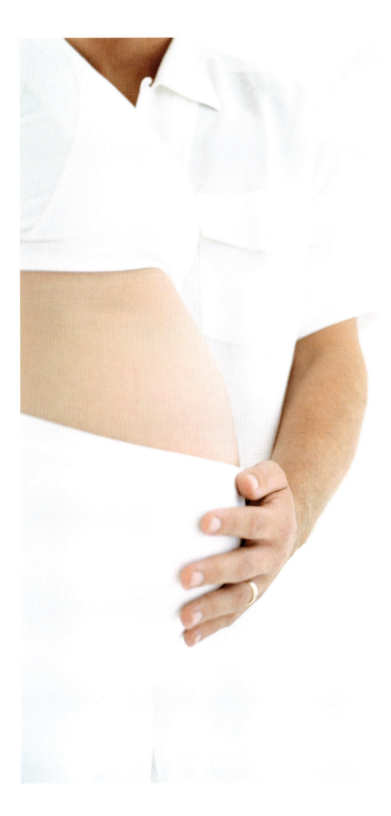

Tratamento a Distância para Trabalho de Parto

Você pode aplicar a técnica do Tratamento a Distância – normalmente ensinada no Segundo Nível de Reiki – para enviar energia de cura para trabalho de parto de uma amiga ou conhecida, mesmo não sabendo o momento exato em que esse trabalho começa. Entretanto, sempre peça permissão da receptora antes de fazer isso.

Desenhe o símbolo do Tratamento a Distância uma vez no ar à sua frente, e logo em seguida o Primeiro Símbolo do Reiki para aumentar o poder de cura. Repita o mantra de cada símbolo três vezes e diga o nome da mulher grávida e faça uma descrição da situação em que ela se encontra, também três vezes.

Sugestão: Você também pode enviar tratamento a distância para você mesma, antecipadamente, para o nascimento do seu bebê. Visualize o Reiki "ligando-se" quando o trabalho de parto começa até em torno de duas horas depois.

> **Principiantes de Reiki** *devem estender as mãos à frente, visualizar a receptora grávida, dizer o nome dela em voz alta e dirigir a energia de cura e pensamentos amorosos para ela.*

> **ESTUDO DE CASO**
> *Mary aplicou um Reiki a uma amiga nos últimos estágios da gravidez. A receptora se sentiu muito bem, relaxou e perdeu todo medo de dar à luz. Poucos dias depois, ela teve uma menina saudável e achou que o Reiki a ajudou a ficar mais à vontade com relação ao processo de nascimento.*

Separação

O FIM DE UM RELACIONAMENTO ou a dissolução de um casamento geralmente provoca muitas mudanças e incertezas na vida de uma pessoa. Toda ansiedade, insatisfação e tristeza pela nossa incapacidade de manter o relacionamento nos fazem viver emoções fortes. Sentimentos de abandono, amargura, raiva, culpa, angústia, dor e medo do futuro nos perturbam. Todavia, essas experiências profundas de sofrimento e perda também podem servir-nos de estímulo para dar o primeiro passo no caminho do crescimento espiritual.

O Reiki pode ajudar-nos a superar positivamente esse tempo de mudanças, trazendo clareza à mente e auxiliando-nos a tomar decisões acertadas. Ele também ameniza o excesso de atividades mentais, como os diálogos incessantes que compomos e recompomos na nossa mente. Além disso, o Reiki possibilita-nos encontrar um sentido mais profundo em circunstâncias dolorosas e fazer as mudanças de atitude e de estilo de vida que são necessárias para promover uma vida mais feliz e saudável.

O Reiki não necessariamente nos ajuda a evitar uma separação, mas pode socorrer-nos durante o processo, contribuindo para que nos separemos de modo amigável. Para termos condições de nos desligar da outra pessoa, precisamos abandonar toda reprovação e raiva que talvez ainda guardemos. Precisamos perdoar o outro pelo que ele fez e pedir que nos perdoe pelo que fizemos de errado. A Energia Vital Universal do Reiki pode ajudar-nos a transformar sentimentos negativos em disposição para reconhecer a beleza, o amor e a singularidade do nosso companheiro.

Reiki Durante a Separação: Autotratamento

Se a separação for inevitável, o Reiki dar-lhe-á suporte em sua tristeza e angústia. Seja brando e amável consigo mesmo e aplique-se um tratamento completo (pp. 18-21) todos os dias. Se não dispuser de tempo, procure fazer o tratamento reduzido descrito a seguir.

1 Posição Frontal 1 (p. 20) para fortalecer a capacidade de perdoar.

2 Posição Frontal 3 (p. 20) para acalmar emoções fortes.

3 Posição da Cabeça 1 (p. 18) para ter pensamentos e intuições claras.

4 Posição da Cabeça 4 (p. 19) para dissipar o medo e acalmar as emoções.

1

"O Reiki me ajudou a trilhar um novo caminho dando-me energia e nova compreensão e forças para abandonar um estilo de vida pouco saudável."

SAM, 35, ALUNO DE REIKI

Proteção Psíquica: Autotratamento

A rosa é um símbolo universal do amor e muitos escritos esotéricos a mencionam como símbolo de proteção psíquica. Visualize uma rosa para proteger-se da negatividade e de projeções de outras pessoas. Essa visualização deve abrir o seu coração ao outro, mas não permitir que ele seja afetado por sua energia negativa. Com ela você também pode alcançar uma consciência maior do seu próprio espaço e identidade, mas ao mesmo tempo estar totalmente presente com a outra pessoa. Por isso, ela é especialmente proveitosa num momento de separação, pois é muito difícil lidar com seus próprios pensamentos e emoções confusos sem ser constantemente afetado e pressionado também pelas emoções e projeções do seu companheiro/ex-companheiro.

1 Visualize uma rosa entre você e o seu companheiro/ex-companheiro sempre que você quer evitar que suas energias se misturem. Ou então, visualize uma rosa na borda da aura da pessoa. Se achar conveniente, faça visualizações também durante uma conversa ao telefone.

Sugestão: Você pode recorrer à "rosa de proteção" todas as noites antes de dormir. Visualize-a à sua frente, com todos os acontecimentos do seu dia dentro dela; veja essa imagem dissolvendo-se.

Menopausa

A **MENOPAUSA** é também conhecida como "a mudança", o que é um bom indicador das muitas alterações que afetam a vida nesse período. Estritamente falando, a menopausa é a cessação do ciclo menstrual da mulher e de sua capacidade de procriar. É uma transição que normalmente acontece entre os 40 e poucos e os 50 anos, quando o equilíbrio hormonal da mulher começa a se alterar. Alguns dos sintomas são ondas de calor, suores noturnos, alterações de humor, secura vaginal, distúrbios do sono e lapsos de memória. O aumento dos níveis de gordura no sangue também pode resultar de mudanças que ocorrem nessa fase, quando também muitas mulheres receiam perder a capacidade de sentir prazer sexual e se preocupam com a osteoporose. Essa etapa da vida pode, portanto, acarretar não apenas problemas físicos, mas também problemas emocionais e espirituais.

Pesquisadores descobriram recentemente que alguns homens de meia-idade também podem apresentar sintomas de menopausa semelhantes aos manifestados pelas mulheres. A causa do que se denomina andropausa estaria na redução dos níveis de testosterona, o hormônio masculino.

Os médicos tendem a prescrever terapia de reposição hormonal para mulheres que têm problemas nesse período. Esses tratamentos, normalmente com suplementos de estrogênio e progesterona, podem reduzir alguns sintomas, mas também representam um risco maior de gordura indesejada, de retenção de água e inclusive de câncer. Um ginecologista alemão, Dr. Volker Rimkus, descobriu que também é benéfico que tanto homens como mulheres de meia-idade recebam certos hormônios naturais que têm uma estrutura química idêntica aos hormônios do corpo.

Existem atualmente muitas maneiras alternativas de tratar sintomas da menopausa. Remédios de ervas naturais, como inhame mexicano, agnocasto (*agnus castus*), cimicifuga racemosa (*black cohosh*) e isoflavonas feitas de soja, agem como balanceadores hormonais por conterem estrogênio e progesterona naturais e fortalecem o sistema hormonal natural. Outros tratamentos complementares, como homeopatia, remédios herbais chineses, florais de Bach e Reiki também são muito eficazes.

Em alguns países orientais e em desenvolvimento, as mulheres parecem fazer essa transição da menopausa sem maiores problemas. A razão disso talvez esteja na alimentação, pois a cultura alimentar tradicional de povos nativos em países como Estados Unidos, México, Papua Nova Guiné incluem, por exemplo, o inhame mexicano; e nos países asiáticos, produtos derivados da soja constituem grande parte dos pratos preparados diariamente. Algumas culturas nativas consideram a menopausa um acontecimento a ser celebrado – um período em que a mulher alcança o ápice da sua condição de mulher. Ela completou o círculo dos anos de fertilidade, está entrando numa nova etapa de autoconhecimento e é vista pela comunidade como "mulher sábia".

Na sociedade ocidental, por outro lado, a menopausa pode ser um tempo muito difícil emocionalmente, de modo especial quando não aceitamos o processo de envelhecimento. Mas o Reiki pode ajudar-nos a ver essa etapa da vida de uma perspectiva positiva, como um tempo que nos oferece a oportunidade de rever atitudes imprudentes, de abandonar velhos hábitos que se tornaram obstáculos e de livrar-nos de costumes prejudiciais ou de um estilo de vida que não combina mais com o que somos. O Reiki nos estimula a observar-nos com novos olhos, a encontrar nossas próprias soluções para os problemas e a estabelecer prioridades de modo diferente, afirmando a mulher madura e sábia dentro de nós por meio da descoberta do nosso propósito de vida mais profundo.

Para colaborar com o corpo nesse estágio de mudanças, é salutar manter uma dieta saudável – baixa em gorduras e alta em fibras – pois assim ele se adaptará mais facilmente às alterações dos níveis hormonais. É recomendável comer menos carne, açúcar e alimentos refinados, e mais peixe fresco, frutas e vegetais. Também é benéfico ingerir suplementos nutricionais apropriados e fazer exercícios regularmente.

Tratamento de Sintomas da Menopausa

Na menopausa, o Reiki favorece a mulher em todos os níveis – físico, emocional, mental e espiritual. No nível físico, ele promove o equilíbrio do sistema endócrino, que influencia a produção de hormônios no corpo. No nível emocional, ele harmoniza reações relacionadas com sintomas físicos desagradáveis. No nível mental, o Reiki nos põe em contato com nossa intuição, força interior e coragem. E espiritualmente, ele nos ajuda a adaptar-nos e a aceitar que estamos iniciando uma nova etapa da vida. A técnica do Mental Healing (p. 24) é especialmente eficaz.

"Senti-me profundamente calma e em paz. Foi como se eu tivesse entrado num lugar muito especial dentro de mim e tive certeza de que o Reiki foi um acréscimo extraordinário à minha compreensão da vida."

MICHELLE, 52, ALUNA DE REIKI

Tratamento para os Órgãos da Reprodução

Este tratamento, aplicável tanto aos órgãos da reprodução masculinos como femininos, alivia desconfortos nessa região e é benéfico em casos de distúrbios da bexiga ou do trato urinário. Se quer evitar contato físico direto nessa área, peça ao doador que mantenha as mãos um pouco acima do corpo.

1 Aplique a Posição Frontal 5, com as mãos sobre o osso pubiano, formando um V. No tratamento de uma mulher, as mãos se tocam na base do osso; no tratamento de um homem, elas ficam mais afastadas, sobre a virilha (pp. 15 e 20).

2 Posicione as mãos uma ao lado da outra no lado direito do baixo-ventre; a lateral externa da mão inferior toca o osso pubiano.

3 Em seguida, desloque as mãos, ainda uma ao lado da outra, para o lado esquerdo do baixo-ventre, como no Passo anterior.

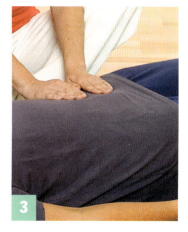

Apetite Sexual e *Stress*

Este tratamento estimula as glândulas adrenais, que regulam a resposta ao *stress*, o metabolismo e o apetite sexual. Por isso, aplique-o para reduzir os níveis de *stress*, tratar problemas de peso e estimular a libido.

1 Posicione as mãos a cerca de dez centímetros abaixo da Posição Dorsal 2 (p. 16); as pontas dos dedos de uma das mãos tocam a base da palma da outra.

2 Aplique a Posição Dorsal 3 (p. 16), posicionando as mãos sobre as costelas inferiores, acima dos rins.

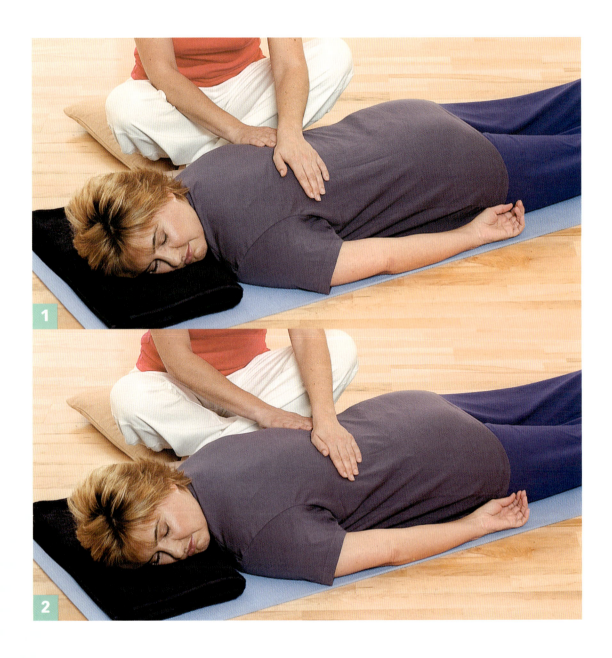

Metabolismo e Problemas de Peso

O tratamento a seguir é benéfico para a tireóide, para as glândulas pineal e pituitária e também para o hipotálamo. Ela equilibra o metabolismo e é eficaz em caso de problemas de peso, tanto acima como abaixo do peso ideal.

1 Ponha uma das mãos diretamente sobre a tireóide, na frente da garganta, e a outra no topo da cabeça.

Sugestão: Trate-se com a mesma posição quando sentir que o seu metabolismo está lento.

Ondas de Calor, Abalos Emocionais e Problemas de Sono

As glândulas pineal e pituitária estão ligadas ao hipotálamo, que controla a liberação da maioria dos hormônios por impulso nervoso. As posições a seguir equilibram essas glândulas, ajudando assim em distúrbios emocionais, sono agitado e problemas com a temperatura do corpo.

1 Posição da Cabeça 1 (p. 12), cobrindo a testa, os olhos e as faces para relaxar o corpo.

2 Posicione as mãos no topo da cabeça horizontalmente, de modo que a lateral externa da mão mais baixa toque a curva da parte posterior da cabeça.

Crise da meia-idade

A ASSIM CHAMADA "CRISE DA MEIA-IDADE" é uma etapa da vida bastante conturbada que todos temos de enfrentar, em grau maior ou menor. Ela pode começar a qualquer momento em torno dos 40 ou 50 anos de idade, quando nos damos conta de que metade do nosso tempo na terra já passou; começamos então a olhar para trás, reavaliando como vivemos. Essa transição nos dá a oportunidade de mudar a nossa perspectiva. Queremos ser o mais autênticos possível e encontrar a melhor maneira de aproveitar o tempo e a energia que nos restam para fazer o que realmente sempre quisemos fazer.

Esses anos intermediários da vida são definitivamente um momento decisivo. Entrando nessa fase de modo consciente e honesto, teremos condições de encontrar nossa própria força, uma nova identidade e uma maior consciência de nós mesmos. Se formos abertos e estivermos dispostos a ouvir nossa sabedoria da vida, descobriremos possibilidades novas e estimulantes que tornarão a vida interessante e mais digna de ser vivida.

Na meia-idade, as pessoas procuram novos métodos que as inspirem a tornar a vida mais plena. Por isso, muitas se interessam por terapias alternativas, como o Reiki, pois descobrem que vale a pena investir em si mesmas.

Nessa etapa, o Reiki põe à nossa disposição a força e a confiança que precisamos para fazer mudanças. A técnica do *Mental Healing* é muito propícia nesse período para pedir orientação interior (p. 24).

Sensação de Bem-estar: Autotratamento

Se você acordar de manhã sentindo-se agitado, trate-se imediatamente com Reiki para melhorar o seu estado de espírito e as perspectivas para o dia. As posições indicadas também são eficazes em caso de alteração dos seus padrões de sono. Além disso, elas estimulam a digestão. Mantenha cada posição em torno de cinco minutos.

1 Posicione as mãos sobre o osso pubiano, Posição Frontal 4 (p. 20).

2 Posicione as mãos sobre a porção inferior da caixa torácica, Posição Frontal 2 (p. 20).

3 Trate o coração com a Posição Frontal 1 (p. 20).

4 Coloque as mãos atrás da cabeça, Posição da Cabeça 4 (p. 19).

5 Aplique a Posição da Cabeça 1, dedos unidos, cobrindo a testa e os olhos (p. 18).

1

CRISE DA MEIA-IDADE **131**

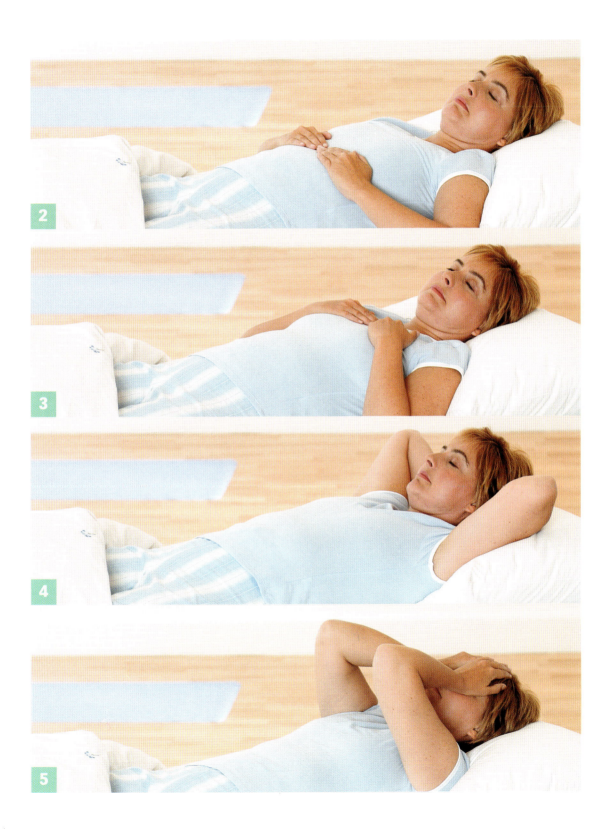

Insônia: Autotratamento

Na meia-idade e no início da menopausa, os padrões de sono geralmente se alteram. Quando acordamos muito cedo e não conseguimos mais pegar no sono, podemos aproveitar a oportunidade para fortalecer o corpo e a mente com Reiki. Esta técnica simples tem um efeito salutar sobre a mente e o sistema nervoso.

Este exercício pede que você observe a respiração durante a auto-aplicação de Reiki, desviando assim a atenção da mente sempre hiperativa. Você simplesmente "vigia" o ar entrando e saindo, mantendo as mãos em cada posição em torno de cinco minutos.

1 Logo que perceber que está perdendo o sono, posicione as mãos sobre o baixo-ventre.

2 Com as mãos nessa posição, sinta a expansão e a retração do abdômen. Observe o ar entrando e saindo pelas narinas. Para ajudar a manter a atenção na respiração, repita para si mesmo a palavra "entrando" durante a inalação e "saindo" durante a expiração.

3 Em seguida, coloque as mãos sobre o plexo solar, nos lados direito e esquerdo das costelas inferiores, com os dedos tocando-se no centro. Sinta a energia Reiki fluir para essa região e continue prestando atenção à respiração, ainda dizendo "entrando" e "saindo" para não perder o foco.

4 Coloque as mãos sobre o peito e sinta a energia nessa área. Tome consciência de possíveis sensações nas mãos e continue observando a respiração.

5 Coloque uma das mãos na testa e a outra logo abaixo do umbigo. Essa posição produz um relaxamento profundo. Enquanto aplica Reiki nessa área, continue atento à respiração e perceba possíveis sensações no corpo.

Sugestão: Esse exercício também pode ser feito para renovar e recarregar suas baterias pela manhã, como primeira atividade do dia. Se tiver dificuldades para retomar o sono durante a noite, porém, você obterá resultados melhores aplicando-se o tratamento descrito na p. 94: *Reiki Antes de Dormir*.

1

CRISE DA MEIA-IDADE **133**

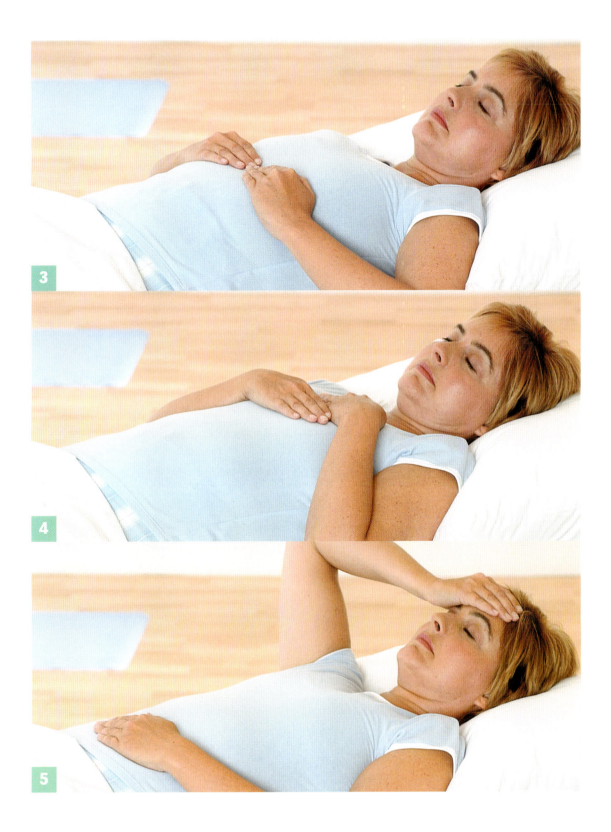

Síndrome do ninho vazio

SÍNDROME DO NINHO VAZIO é uma expressão que denota o que alguns pais sentem quando seus filhos, já amadurecidos, saem de casa para viver sua própria vida. É difícil para eles desapegar-se das "crianças" e então sentem um vácuo profundo em sua vida. Pais que passam por essa experiência muitas vezes se dão conta de que estiveram tão envolvidos dedicando todo seu tempo e energia aos filhos, que chegaram a perder parte de sua própria identidade, a ponto de não se verem mais como entidades separadas e independentes com necessidades e desejos próprios. As mulheres, de modo especial, quase sempre identificaram seu senso de amor-próprio com o de ser necessárias e, assim, o desafio agora é compreenderem que elas próprias são importantes.

É bom que os pais procurem ver essa mudança como uma oportunidade para soltar tudo o que percebem que estão perdendo e para começar a descortinar uma nova direção na vida. O foco do casal precisa voltar a convergir para si mesmo e para a relação entre os dois. Por exemplo, eles talvez precisem descobrir novas maneiras de relacionamento com o companheiro e encontrar novas coisas que possam fazer juntos, agora que dispõem novamente de tanto tempo só para si mesmos – e isso pode ser difícil. É bom lembrar, porém, que todas as nossas experiências nos mostram como viver mais plena e autenticamente.

O Reiki pode oferecer-lhe uma base sólida e deixá-lo à vontade consigo mesmo nessa fase difícil. É bom você aplicar-se ou pedir a alguém que lhe aplique tratamentos diários, se possível (pp. 12-21). Os tratamentos descritos na seção *Menopausa* também serão proveitosos nesse período (pp. 126-29).

Para Equilibrar os Chakras: Autotratamento

O equilíbrio dos centros de energia, ou chakras, com Reiki é uma maneira sumamente eficaz de sentir-se revigorado, sereno e equilibrado. O equilíbrio dos chakras estimula sua energia a fluir mais livremente e o deixa mais feliz e saudável. Mantenha as mãos em cada posição em torno de cinco minutos, de modo que o tempo total de tratamento será de aproximadamente vinte e cinco minutos. Ponha uma música de fundo suave e relaxante, se achar conveniente.

1 Sente-se numa cadeira ou deite-se confortavelmente de costas, feche os olhos e relaxe. Respire profundamente algumas vezes; na expiração, sinta o corpo mergulhando cada vez mais profundamente na superfície que o sustenta.

2 Coloque a mão esquerda na testa, cobrindo o sexto chakra, localizado no espaço entre as sobrancelhas, e a mão direita sobre o osso pubiano, onde se localiza o primeiro chakra, ou chakra da raiz. Essa posição equilibra a energia da cabeça e das áreas inferiores do corpo e o põe em contato maior com a sua energia sexual.

3 Coloque a mão esquerda sobre a garganta e a direita sobre o abdômen, logo abaixo do umbigo. Essa posição equilibra a energia no segundo e no quinto chakras, fazendo-o sentir-se mais próximo de suas emoções e desejos. Ela também lhe possibilita expressar-se e comunicar-se com mais facilidade; você se sentirá revitalizado e energizado.

4 Coloque a mão esquerda no meio do peito, onde está localizado o quarto chakra (do coração) e a direita no plexo solar (terceiro chakra). O coração representa amor e compaixão e o plexo solar sua própria força e poder. Quando esses centros estão em equilíbrio, você toma decisões corretas a partir de um ponto de amor e compreensão.

5 Posicione a mão esquerda sobre o abdômen, onde se localiza o segundo chakra, e a mão direita sobre a testa, no sexto chakra. Essa posição o relaxa profundamente e o ajuda e deixar que todos os pensamentos e sentimentos se desvaneçam. Sinta uma sensação de paz fluindo desse ponto e invadindo todo o seu corpo.

6 Por fim, relaxe os braços e mãos ao lado do corpo. Fique alguns minutos nessa posição, consciente de todas as sensações. Antes de voltar lentamente à consciência normal, movimente os dedos das mãos e dos pés e alongue o corpo todo.

Os Chakras

 Chakra da coroa (sétimo)

 Chakra da Terceiro olho (sexto)

 Chakra da garganta (quinto)

 Chakra do coração (quarto)

 Chakra do plexo solar (terceiro)

 Chakra do sacro (segundo)

 Chakra da raiz (primeiro)

"Eu uso o Reiki para equilibrar minhas energias e fortalecer-me. Ele me ajuda em minha jornada espiritual."

ANGELA, 48, ALUNA DE REIKI

Luto

QUANDO MORRE UMA PESSOA QUE AMAMOS, como nosso companheiro ou nosso filho, podemos ficar em estado de choque durante semanas ou mesmo meses. Apesar da enorme tristeza, é possível que ainda não tenhamos tomado consciência plena do que aconteceu nem compreendamos totalmente a finalidade da perda. A dor emocional da perda parece tão insuportável que tentamos subconscientemente manter-nos num estado de torpor – por medo de perder o controle da nossa vida e enlouquecer de tanta aflição.

Quase todos nós temos muito medo da dor que a morte de um ente querido causa em nós, fazendo-nos sentir impotentes e desamparados. Muitas vezes resistimos a essa dor porque não acreditamos que podemos sair do outro lado do túnel escuro. Porém, é importante sentir esse sofrimento. Depois de resolver todas as questões práticas relacionadas com o passamento, é essencial você reservar algum tempo para entrar em contato com suas reações emocionais mais profundas ao acontecimento.

Inicialmente, você pode defrontar-se com sentimentos os mais variados, desde raiva e ressentimento por ter sido abandonado, ou frustração e impotência por não ser capaz de mudar a situação, até tristeza, culpa, dor e pesar profundos. Se insistirmos em manter-nos ocupados, não entrando em contato com esses sentimentos, fecharemos o nosso coração e simplesmente substituiremos uma dor por outra.

Todos precisamos aprender a transformar o nosso sofrimento e, assim, preparar-nos espiritualmente para a nossa própria morte e para a morte de amigos e familiares. Por exemplo, se descobrimos que temos uma doença grave, precisamos aprender a compreender e a não ficar obcecados com a situação. Esse processo implica encarar repetidamente o sofrimento à medida que penetramos em níveis sempre mais profundos de compreensão. Cada vez que fazemos isso, capacitamo-nos um pouco mais a aceitar totalmente a doença e, em última instância, a aceitar a morte com serenidade.

Para sentir que é seguro entrar em contato com essa tristeza, precisamos do apoio de outras pessoas – amigos e parentes compreensivos que podem ouvir-nos e ser testemunhas do nosso sofrimento, atender às nossas necessidades com coragem e amor, dar-nos esperança de que podemos suportar a dor e deixar-nos tranqüilos para expressar a nossa consternação. Sejam quais forem as nossas circunstâncias, precisamos sentir-nos respeitados e aceitos incondicionalmente.

Podemos recorrer ao Reiki para confortar familiares e amigos numa situação de luto. O Reiki pode ajudá-los a enfrentar esses momentos com certa naturalidade e com amor, e o contato físico pode reanimá-los, como se fosse um abraço amoroso e reconfortante. Você também pode aplicar-se um tratamento de Reiki diariamente (pp. 18-21) para superar períodos de perda pessoal e tristeza. O Reiki cria um espaço íntimo no seu interior onde você pode ter melhores condições de reconhecer seus sentimentos mais profundos e, então, deixar que eles se dissipem. São especialmente eficazes as Posições da Cabeça (pp. 18-9), as Posições Frontais 1 e 3 (p. 20) e a Posição Dorsal 3 (p.21).

Doença, perda, morte e luto são transições intensas, mas é importante reconhecer que são também oportunidades para que despertemos de padrões egocêntricos, materialistas ou nocivos que talvez tenhamos desenvolvido. O período de luto pode ser um tempo de desespero e desorientação, mas pode ser também um tempo de renovação da própria vida. O Reiki pode oferecer-nos um refúgio em meio ao sofrimento mais profundo e ser um recurso que nos possibilita descobrir novos sentidos para a vida.

Meditação Nadabrahma OSHO: Autotratamento

Esta meditação, baseada numa antiga técnica tibetana, tem um efeito calmante e curativo muito intenso, equilibrando suas energias e harmonizando o centro do coração. Antigamente, os monges tibetanos a faziam de manhã cedo, mas você pode praticá-la no momento do dia que lhe for mais favorável. Faça-a acompanhada de uma música especial que o oriente através dos seus vários estágios (p. 144) ou então em silêncio, como preferir.

1 Sente-se numa posição relaxada, com os olhos e a boca fechados. Comece a emitir o som "hum" durante trinta minutos, ouvindo-o bem. Imagine o seu corpo oco por dentro, como um tubo, e enchendo-se com as vibrações do som "hum". Chegará um momento em que a emissão do som continuará por si mesma e você se tornará apenas o ouvinte. Respire normalmente. Se quiser, altere o tom e movimente lentamente o corpo durante a produção do som.

2 Mantendo os olhos fechados, posicione as mãos na frente do umbigo, palmas para cima. Em seguida, comece a movimentar as mãos em dois círculos amplos, do centro para fora. Mantenha o movimento bem lento e consciente durante sete minutos e meio. Visualize-se oferecendo energia para o universo.

3 Depois, vire as palmas para baixo e inverta a direção dos círculos, movimentando as mãos de fora para o centro do corpo por outros sete minutos e meio. Visualize-se recebendo energia.

4 Continuando com os olhos fechados, sente-se ou deite-se de costas e fique absolutamente imóvel e silencioso durante quinze minutos antes de retomar suas atividades normais.

Transição

TRANSIÇÃO É UM ESTADO DE EXISTÊNCIA entre a realidade passada e a futura – um tempo de mudanças profundas e de incertezas, uma vez que o nosso mundo conhecido está se dissolvendo e o futuro, a nossa próxima existência, ainda não se manifestou. O momento da morte, o fim da forma física da vida, é a transição mais intensa que os seres humanos realizam.

Crescemos numa cultura que tem medo da morte e faz de tudo para escondê-la de nós. Entretanto, tenhamos ou não consciência dela, a morte é nossa companheira constante – parte da realidade da vida. Ela chegará para todos. Normalmente procuramos ignorar o fato de que estamos envelhecendo, adoecendo ou perdendo alguém que amamos. Não queremos ver esses acontecimentos como ocorrências naturais ou reconhecer as areias do tempo escorrendo entre os dedos.

Quando a morte física chega a um amigo ou parente, ela nos lembra que nós também morreremos um dia. A morte pode chegar a qualquer momento, não apenas para os doentes ou mais velhos; ela pode surpreender-nos hoje mesmo. Mas o inimigo não é a morte em si; o inimigo é a nossa própria ignorância e negação. Quanto mais evitamos pensar sobre a morte ou preparar-nos para ela, mais somos obrigados a sofrer quando nós – ou as pessoas que amamos – enfrentamos a morte. É importante lembrar-nos de que a morte não é o fim; é apenas um desfazer-se desta forma física de vida que conhecemos.

Num plano espiritual, podemos considerar a morte como uma oportunidade extraordinária para a total libertação e realização da nossa verdadeira natureza. O corpo e a mente morrem, mas outro aspecto do nosso ser – a nossa essência mais profunda – continua depois da morte.

Como uma arte de cura complementar não-intrusiva, o Reiki é calmante e reconfortante para o moribundo, quer ele esteja em casa, no hospital ou num asilo. O Reiki pode suavizar o processo de transição e torná-lo muito mais

"Pois a vida e a morte são uma coisa só, como o rio e o mar são um só."

KAHLIL GIBRAN, *O PROFETA*, 1923

fácil para todos os envolvidos, criando um sentimento de aceitação e paz. O Reiki ajuda o moribundo a relaxar e a estar presente no momento da morte. Ele se sentirá protegido e terá maior facilidade de passar para outra dimensão com serenidade. Testemunhar o último suspiro de uma pessoa é uma experiência profundamente tocante – tem-se a impressão de que ela está mais consciente de si mesma e da luz interior que a envolve.

Um lama tibetano disse certa vez: "É importante você dar todo o seu amor ao amigo ou parente agonizante, e deixá-lo partir. Diga-lhe que não se preocupe com nada e deixe-o morrer em paz, sentindo-se amado."

Ajuda a um Amigo Moribundo

O Reiki é um método sutil e intenso que ajuda e ameniza a jornada de quem está para morrer. Ele age em todos os níveis – físico, emocional, mental e espiritual – e portanto pode curar antigas feridas e trazer harmonia para os membros da família, para os entes queridos e para o próprio moribundo.

1 Aplique Reiki às partes mais necessitadas ou doloridas do corpo do receptor.

2 Trate o meio do peito para que o coração possa desapegar-se desta vida e aceitar a transição.

3 Use as Posições da Cabeça (pp. 12-3) para estimular o receptor a se sentir seguro e a entregar-se com tranqüilidade.

4 Segure a mão do receptor para lembrar-lhe que ele é amado e tratado com carinho.

5 Posicione as mãos sobre as pernas, joelhos e pés do receptor. Sabemos que as pessoas que estão para morrer retêm muita energia e medo nos joelhos. A aplicação de Reiki nesses membros ajuda-as a se acalmar e confiar.

6 Você também pode aplicar um tratamento completo de Reiki (pp. 12-7), especialmente nos dias que antecedem a passagem final. Esses tratamentos aliviarão um pouco a dor.

Tratamento a Distância

Podemos recorrer ao Tratamento a Distância para transferir energia de cura para longas distâncias quando é fisicamente impossível estarmos com um amigo ou um ente querido que está à beira da morte. Além disso, essa é também uma maneira muito apropriada de darmos o nosso último adeus.

1 Sente-se numa sala silenciosa, feche os olhos e concentre-se na aplicação de Reiki aos olhos.

2 Visualize a pessoa doente ou moribunda em sua mente e forme uma imagem clara do quarto onde ela está. Praticantes do Segundo Nível podem levantar a mão à frente e desenhar o Primeiro Símbolo do Reiki no ar para facilitar o processo.

3 Mantendo a mão levantada, praticantes do Segundo Nível desenham o Terceiro Símbolo sobre uma visualização ampliada da testa do receptor, e em seguida o Primeiro Símbolo no alto da cabeça.

4 Mantendo a mão levantada, praticantes do Segundo Nível visualizam os símbolos em luz dourada e dizem seus mantras três vezes. Depois dizem o nome da pessoa três vezes.

5 Em seguida, dizem: "Estou lhe enviando esta energia de cura com amor. Você pode usá-la agora ou no momento que achar oportuno."

6 Posicione as mãos em ambos os lados da cabeça visualizada do receptor (agora novamente em tamanho normal) durante alguns minutos.

7 Praticantes do Segundo Nível desenham o Primeiro Símbolo do Reiki no peito do receptor visualizado e mantêm a mão na posição durante três minutos. Em seguida, fazem a mesma coisa sobre a visualização do estômago e da porção superior e inferior das costas.

Sugestão: Você pode conversar com o seu amado que está prestes a morrer a partir da consciência superior, desenhando o Segundo Símbolo do Reiki entre você e a pessoa que está visualizando e dizer seu último adeus.

> **Principiantes de Reiki** *podem seguir o mesmo procedimento, mas mantêm a mão no ar à sua frente ou na área específica do corpo, em vez de desenhar os símbolos e pronunciar os mantras.*

Chakras

Os centros de energia do corpo, conhecidos como chakras, têm relação com diferentes qualidades; as várias posições de mãos do Reiki favorecem o contato com esses atributos preciosos.

Chakra da Coroa (7º):
Cria sabedoria, intuição, consciência espiritual e unicidade.

Chakra do Terceiro Olho (6º):
Reforça a compreensão, a inspiração e a meditação.

Chakra da Garganta (5º):
Promove a auto-expressão, a criatividade, a comunicação e o senso de responsabilidade.

Chakra do Coração (4º):
Intensifica o amor, a paz, a confiança, a compaixão e o desenvolvimento espiritual.

Chakra do Plexo Solar (3º):
Fornece poder, determinação e força.

Chakra do Sacro (2º):
Melhora a auto-estima, a alegria de viver, a sensualidade e o apetite sexual.

Chakra da Raiz (1º):
Fortalece a vontade de viver, aumenta a fertilidade e proporciona uma sensação de firmeza e segurança.

Glossário

Afirmação Frase ou palavra que descreve uma condição positiva que queremos para nós mesmos.

Aura Campo de energia que envolve o corpo; uma essência sutil, invisível. Podemos ver a aura por meio da fotografia Kirlian. Os corpos etérico e emocional são os mais fáceis de distinguir.

Canal Uma pessoa cujo canal interior de cura foi aberto para as energias sutis do Reiki. Essas energias fluem através da pessoa, que as usa para tratar a si mesma e aos outros.

Chakra Centro circular de energia no corpo humano sutil. Os chakras principais são sete e localizam-se no corpo etérico (ver também à esquerda). A palavra chakra deriva do sânscrito e significa "roda". No plano físico, os chakras coincidem aproximadamente com o sistema endócrino.

Chakra da Testa Também conhecido como Terceiro Olho, este chakra é responsável pela clarividência, pela telepatia e pelo despertar espiritual. É estimulado pela meditação.

Corpo emocional A parte do campo de energia do corpo situada entre os corpos etérico e mental. Tem relação com o nosso estado emocional. Evidências sugerem que ele é capaz de separar-se do corpo físico, como nos sonhos e nas experiências fora do corpo.

Corpo etérico O equivalente energético do corpo físico; nele se localizam os chakras.

Corpo sutil A parte do corpo que é invisível à visão "normal" e carregada com uma vibração mais elevada – um campo de energia em camadas que permeia e envolve o corpo físico. Acredita-se que seja composto de freqüências progressivamente mais refinadas. As diferentes faixas de freqüência formam os corpos sutis, cada um com propriedades distintas, todas essenciais para o desenvolvimento e a manutenção de um ser humano completo.

Endorfinas Os "hormônios da felicidade" do corpo. Essas substâncias químicas, conhecidas como neurotransmissores, são produzidas no cérebro antes de ser distribuídas ao resto do corpo via corrente sanguínea; ajudam a combater o *stress*.

Energia Vital Universal A energia básica que compõe todo o Universo manifesto e que está por trás de tudo o que percebemos. Quando anima um organismo vivo, ela se torna a força da vida.

Eu Superior Nossa parte divina. Dele recebemos orientações, como, por exemplo, no *Mental Healing*.

Fotografia Kirlian Técnica especial que torna a aura visível por meio da fotografia. Desenvolvida em 1961 por Semyon Davidovitch Kirlian e Valentina Kirliana.

Glândula timo Glândula do sistema endócrino que, quando ativada, estimula positivamente o sistema imunológico humano.

Hara Palavra japonesa para o chakra do sacro, o mais conhecido dos centros de energia na tradição oriental.

Hipotálamo Situado na base do cérebro, o hipotálamo controla funções involuntárias, como a manutenção da temperatura do corpo, e libera hormônios para a corrente sanguínea.

Mantra Palavra ou som que põe em vibração energias sutis. Os mantras são usados em meditações e nas transmissões da energia Reiki.

Meditação Um estado sereno de "não-pensar", "não-querer", "não-fazer" – o estado supremo de relaxamento.

Mental healing Cura por meio da mente, pela emissão de energia mental acumulada. Também pode ser aplicado sob a forma de Tratamento a Distância.

Meridianos Canais de energia que percorrem o corpo transportando energia vital para os órgãos. Estimulando um meridiano, equilibramos e ativamos a função do órgão correspondente.

Plexo Solar Parte do corpo que é a sede da expressão do poder e do controle emocional. É o centro de poder da sabedoria do corpo.

Quiropraxia Técnica de cura baseada na teoria de que a doença e os distúrbios são causados pelo desalinhamento dos ossos, especialmente das vértebras da coluna, o que impede o funcionamento adequado dos nervos.

Sacro Placa óssea situada acima da fissura das nádegas.

Sânscrito Antiga língua da Índia, base de muitas línguas modernas. Os textos sagrados hindus são escritos em sânscrito.

Símbolo Um símbolo compreende um desenho pictórico e um nome ou mantra. Os símbolos do Reiki agem sobre o canal de cura do corpo, fazendo-o vibrar, aumentando assim a freqüência vibratória de todo o corpo.

Sintonizações Iniciações especiais à energia do Reiki, também conhecidas como transmissões de energia. As sintonizações abrem um canal para as energias de cura nos chakras.

Sistema linfático Sistema de diminutos canais, chamados vasos linfáticos, distribuídos em todo o corpo. A linfa é um fluido claro que circula em torno dos tecidos do corpo. O sistema linfático ajuda a manter o equilíbrio correto dos fluidos no sangue e nos tecidos, além de eliminar detritos celulares e bactérias para ajudar o corpo a combater a doença.

Sufismo Grupo de buscadores e místicos originariamente procedentes do islamismo.

Supraconsciência Um nível dentro de nós que é consciente e cheio de luz; corresponde ao Eu Superior, que conhece e vê as coisas claramente. Também conhecida como intuição ou orientação espiritual.

Terceiro olho *Ver* Chakra da Testa.

Transmissão de energia *Ver* Sintonizações.

Tratamento a distância Forma de tratamento de Reiki pela qual enviamos energias de cura a uma pessoa ou situação fisicamente ausentes.

Índice remissivo

a
aceitação 112–13
acne, tratamento 120
acupuntura, pontos, uso 102–03
adolescência 120–21
afirmações de cura 29
  enviando 28–9
alegria, contato com 34–5
alimentação: distúrbios 99
  saudável 98
alimento, energizar 98
amigos: relação com 88–9
ajuda no momento de morrer 139
angústia, adolescência 121
animais de estimação, tratamento 60
artrite 59
artrite reumatóide 59
árvore, contato com 90
Atisha (Mestre Tibetano) 34
  Coração da Alegria 34
autoconfiança/poder 76–7, 114–15
autotratamento, seqüência 18–21
autotratamento:
  posições da cabeça 18–9
  posições dorsais 21
  posições frontais 20
autotratamento:
  durante exercício 82–3
  completo de Reiki 74–5
  coração a coração 30–1
  durante a separação 124–25
  para renovar e energizar 73
  ver também Coração de Alegria de Atisha; centramento no hara; afirmações de cura; riso; rodopio e sintomas individuais

b
bebês, tratamento 56–7
bem-estar 130
  aumentando 92–3

c
calma 76–7, 114–15
centramento no hara 72
chakras 135, 140
  equilíbrio 134–35
círculo de energia, grupo 71
  "círculo de energia", exercício 71
comunicação (no trabalho) 70–3
concentração, ajuda com 54
confiar, aprendendo a 30–1
coração: poder de cura do 9
  fortalecendo 30–1
  mantendo a energia do 100–03
  ouvindo o 26–7
  ver também alegria
"corpo emocional" 23
crianças: contato com 45
  tratamento 52–5
  ver também bebês; síndrome do ninho vazio
cuidado, arte do 10
cura interior, onze etapas da 84–5

d
dar/receber, exercício 89
depressão 117
desamparo, sentimentos de 112
desintoxicação 110–11
dificuldades de aprendizado, ajudar em 54
distúrbios digestivos, tratamento 110–11
divino, contato com 36–7
doença 96–7
  lidando com 104–11
"doença" 118
dor ciática, tratamento 109
dor de cabeça, tratamento 64–5
dor nas costas, tratamento 66–7, 106–08
dor no braço, tratamento 105
dor no pescoço, tratamento 68–9, 106–08
dor nos ombros, tratamento 68–9, 105
dor, identificando 112

e
emoções: problemas na menopausa 129
  reprimidas, adolescência 121
energias, acalmar hiperativas 52–3
enxaquecas, tratamento 64–5
espaço, encontrar 80–1
esportes ver exercícios e esportes
etapas da vida 118–19
  ver também adolescência; crise da meia-idade; gravidez; luto; menopausa; separação; síndrome do ninho vazio; transição
eu:
  contato com 84–7
  desenvolvendo amor por 26–9
  reconhecimento do 36–7
  relação com 22–3
exercícios e esportes 82–3

f
falar/ouvir, exercício 46–7
Força/Energia Vital Universal 22, 71
frustração, ver raiva/frustração

g
gravidez 122–3
grupo de Reiki 88

h
"hormônios da felicidade" 64, 117, 121
humor, senso de 23

i
impulso sexual 128
insônia, lidando com 132–33

j
jejum, com Reiki 98

l
limpeza da mente, tratamento 70–1
luto 136–37

m
Mantra Gayatri 84
massagem, para *stress* 68–9
meditação 10
  com jejum 98
  Nadabrahma OSHO 137
  para duplas 45
medo, sentimentos de 114–15
menopausa 126–29
  tratamento dos sintomas 127
mental healing 24–5
meridianos, estimulação 102–03
metabolismo e problemas de peso 129

n
Nadabrahma Osho (místico) 45
natureza, contato com 90

o
ondas de calor, tratamento, 129
órgãos reprodutores, tratamento 127
osteoartrite 59

p
paz interior, contato com 27
perdão, prática do 32–3
peso, problemas; ver metabolismo e problemas de peso
pessoas idosas, tratamento:
  dor nas articulações 58
  tratamentos reduzidos 58
plantas, tratamento 61
posições das mãos:
  tratamento completo:
  posição da cavidade do joelho 17
  posição da sola dos pés 17
  posições da cabeça 12–3
  posições dorsais 16–7
  posições frontais 14–5
"prenda" 46–7
preocupação 116
problemas sexuais 42–3
  ver também menopausa
projeção, idéias sobre 40–1
proteção psíquica 125

r
raiva/frustração, exercício 48–9, 50–1
Reiki 8
  abraço 89
  e meditação ver meditação
  principais benefícios 11
reações de cura 10
símbolos e mantras 8–9, 78
tratamento sanduíche 88
relações: aceitando 48–51
  com outros 40–1
  compartilhando 46–7
  desenvolvendo intimidade 44–5
  mantendo intimidade 42–3
relaxamento 92–5
  ver também filhos; meditação; problemas sexuais
  ver também suspiro
relações: entre doença, cura e saúde 96–7
  ver também alegria; amigos; crianças; eu; natureza; paz interior
riso 87
rodopio 86
"rosa de proteção" 125

s
satisfação no trabalho 74–9
"Shaochong" 103
"Shenmen" 102
síndrome do ninho vazio 134–35
sintonização, processo 8
sistemas de crença 24
  negativos 23
sono:
  ajuda para bebês 56
  antes do Reiki 94–5
  problemas na menopausa 129
  ver também insônia
stress, prevenção 64–9
  na menopausa 128
suspiro 100–01

t
tempo, encontrando 80–1
transição 138–39
Tratamento a Distância:
  para o trabalho de parto 123
  para moribundos 139
  para entrevista para emprego 78–9
tratamento completo 12–7
  e satisfação no trabalho 74–5
  ver também em posições das mãos
Três Níveis 8–9
tristeza, tratamento 55

v
variações de humor 55
vida no trabalho 62–3
  ver também comunicação; satisfação no trabalho; *stress*
vida, modos de 38–9
visão, positiva 9

y
yoga, Reiki durante 83

z
zumbido no ouvido, tratamento 104

Agradecimentos

Agradecimentos da Autora
Agradeço a Peter Campbell e Carol Neiman pela leitura do manuscrito e pelas sugestões oferecidas. Obrigada também a Jo Godfrey Wood e Kelly Thompson, que editaram o texto inglês. Agradeço ainda a todos os meus alunos de Reiki, que partilharam suas experiências comigo e assim enriqueceram muito estas páginas. Finalmente, agradecimentos à Osho International Foundation, Suíça (www.osho.com), pela permissão de usar técnicas de meditação Osho neste livro.

Agradecimentos do Editor
A Gaia Books deixa aqui expressos seus agradecimentos às seguintes pessoas pela ajuda na produção deste livro: Jonathan Hilton, pela assistência editorial, e Kathie Gill, pela elaboração do índice; Michelle Grant, Juliette Meeus, Leela Itzler, Laura Campbell, Megan Campbell, Martha Schermuly, Nick Hopper e, claro, Monty, o cachorro, pela cooperação como modelos; Arthur Barham, pela assistência fotográfica; Roisin Donaghy e Lisa Coleman, pela composição.

Agradecimentos pelas Fotografias
Fotografias especiais © Octopus Publishing Group Limited/Mike Good.
Todas as demais fotografias: Banana Stock 57; Corbis/Jon Feingersh 139; Ingram Publishing 9, 11; Octopus Publishing Group Limited/Ruth Jenkinson 41; Photodisc 23, 39, 63, 80-81, 97, 121, 122, 123.

Leitura recomendada:

A Gaia Busy Person's Guide to Reiki: Simple routines for home, work & travel, Tanmaya Honervogt e Carol Neiman, Gaia Books (2005)

Meditation: The First and Last Freedom, Osho, St. Martin's Griffin (2004)

Inner Reiki – A practical guide for healing and meditation, Tanmaya Honervogt, Gaia Books (2001) [*Reiki Interior – Guia Prático para Cura e Meditação*, publicado pela Editora Pensamento, São Paulo, 2004.]

Reiki – Healing and harmony through the hands, Tanmaya Honervogt, Gaia Books (1998) [*Reiki– Cura e Harmonia Através das Mãos*, publicado pela Editora Pensamento, São Paulo, 1999.]

Músicas Recomendadas & CDs Dirigidos
Tanmaya criou uma série de CDs para tratamentos de Reiki e meditações dirigidas:

Heal yourself with Reiki – 18 Stages for Self-healing.

Inner Healing, com música de Deva Premal & Miten – for *Eleven Stages of Inner Healing* – com o Mantra Gayatri Mantra (ver pp. 84–5).

Reiki Wellbeing, com música de Georg Deuter – for *Enhanced Wellbeing* (ver p. 93) and *Reiki Before Sleep* (ver p. 94).

Tanmaya também recomenda:
Osho Nadabrahma Meditation CD, New Earth Records, para a Meditação Nadabrahma Osho para Duplas (ver p. 44) e Osho Nadabrahma Meditation (ver p. 137).

Para mais detalhes sobre material de leitura, músicas e tratamentos dirigidos, visite: www. tanmaya.info.